优秀女孩必备的10个习惯和9种能力

升级版

蔡万刚 编著

中国纺织出版社有限公司

内 容 提 要

十几岁是花一般的年纪，是人生成长的重要阶段，一个人的习惯基本上形成于这个阶段。所以，女孩们在青少年时期要培养良好的习惯并修炼出色的能力，才能拥有一个灿烂的未来。

本书根据青少年阶段女孩成长的特点，结合了发人深省的寓言故事和现实生活故事，详细讲解了女孩必须要具备的10个习惯和9种能力，旨在帮助女孩们提升综合素质，希望对每位成长中的女孩有所帮助。

图书在版编目（CIP）数据

优秀女孩必备的10个习惯和9种能力：升级版 / 蔡万刚编著. -- 北京：中国纺织出版社有限公司，2022.6
ISBN 978-7-5180-8477-7

Ⅰ. ①优… Ⅱ. ①蔡… Ⅲ. ①女生—青少年教育—家庭教育 Ⅳ. ①G782

中国版本图书馆CIP数据核字（2021）第063854号

责任编辑：张 羽　责任校对：高 涵　责任印制：储志伟

中国纺织出版社有限公司出版发行
地址：北京市朝阳区百子湾东里A407号楼　邮政编码：100124
销售电话：010—67004422　传真：010—87155801
http://www.c-textilep.com
中国纺织出版社天猫旗舰店
官方微博 http://weibo.com/2119887771
天津千鹤文化传播有限公司印刷　各地新华书店经销
2022年6月第1版第1次印刷
开本：710×1000　1/16　印张：15.5
字数：146千字　定价：49.80元

凡购本书，如有缺页、倒页、脱页，由本社图书营销中心调换

前言 Preface

曾经有一位富豪在为自己的女儿制订培养计划时写道，一个优秀的女孩应该有以下品质：

她穿戴整齐、自信大方；

她懂礼貌、知礼仪，谈吐有致，在路上遇到认识的人会主动打招呼，会对陌生人微笑；

她的脸上总是洋溢着阳光般的微笑，她的笑容如阳光一样明媚；

她积极向上，懂得争取自己想要的东西，但她不会嫉妒他人；

她尽职尽责，是自己分内的事一定会努力做好；

她内心充满爱，愿意帮助周围需要帮助的人；

她认真努力，无论是学习还是工作绝不输其他人；

她有着较高的修养，即使遇到恶意中伤自己的人，她也会报以微笑；

她热爱思考，凡事有自己的看法和意见，绝不人云亦云；

她有着神奇的魔力，总是能处处受欢迎；

……

当然，一个优秀的女孩应该具备的品质远不止这些。不过看完这些，正处于十几岁的女孩们，你是否也想成为这样出色的女孩呢？接下来，你是不是要问："我也想成为这样气质迷人、聪慧美丽的女孩，但应该怎么做呢？要从哪些方面入手呢？"如果你也想，那么，你就必须从现在起修炼自己，培养自己的习惯和修炼自己的能力。

美国著名哲学家、心理学家威廉·詹姆斯说："播下一种行动，你将收获一种习惯；播下一种习惯，你将收获一种性格；播下一种性格，你将收获一种命运。"

的确，在每个女孩心中，都有个公主的梦，但真正的公主并不是有着似天仙的外貌，而是有着公主般高贵的气质。一个女孩，她的外表可以通过化妆、高科技来完善，但有一些东西却不能，比如，习惯、智慧、能力等。人无完人，女孩们，对于现下的你，只要你愿意改变，那么，你也能变成真正的公主。

当然，任何一个成长期的女孩，因为阅历的原因，个人的力量毕竟是有限的，要想尽快蜕变，女孩还要学会走捷径，这就是本书的任务所在。这本书中，有很多关于女孩成长的故事，也有一些成功人士的经典总结，并且，它还结合实际，对女孩如何修炼自己的性格做了各方面的阐述，想必会对你有所帮助。

编著者

2021年10月

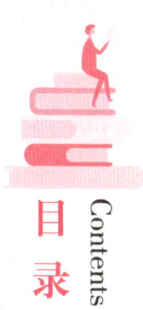

目录 Contents

第1章 学习习惯——主动学习，做个博学的小才女 ········ 001

　　放松学习，解除自己的心理压力 ········ 002
　　劳逸结合，注意学和玩的度 ········ 005
　　理解加思考，死记硬背的知识并不长久 ········ 008
　　制订计划，学习才能事半功倍 ········ 012

第2章 积极生活——优秀女孩都有健康自律的生活习惯 ········ 015

　　早睡早起，好好吃饭 ········ 016
　　保持卧室的清洁卫生 ········ 019
　　言必行，行必果，培养诚实守信的生活习惯 ········ 022
　　别任性，做个懂事的乖乖女 ········ 026

第3章 说话习惯——做善解人意、有教养的好女孩 ········ 031

　　表达关心，付出你的爱 ········ 032
　　女孩礼多人不怪，多说礼貌语 ········ 035
　　别总是顺从，女孩要懂得拒绝 ········ 039
　　避免喋喋不休，女孩要养成言简意赅的说话习惯 ········ 043

第4章　认真专注——聪明女孩关注细节不马虎···········047

认真细腻的女孩最美丽··048
学习最要不得的就是三心二意··································051
注重细节，做好每件事··054
运用多种感官学习，用心感知每一处细节····················057

第5章　珍惜时间——优秀的女孩都勤奋惜时···············061

时间就是生命，别忽视小小的一分钟··························062
别浪费一分一秒，利用零散时间学习··························066
充分利用早晨的时间高效学习··································070
长假时间，是一次绝佳的学习机会······························073

第6章　制订目标——确定目标，努力才有方向···········077

不再迷茫，女孩要敢于设想自己的未来························078
一份时间规划表，让你的学习更有规划························081
合理安排，学习中不可一心几用································085
放松自己，避免长时间地连续学习······························088

第7章　善于思考——爱思考是女孩智慧的起点···········093

思维灵活，女孩思考问题不要一根筋··························094
思维缜密，将每个步骤考虑在内································097
凡事有主见，乖乖女也要有自己的想法························100
思维豁达，斤斤计较的女孩不可爱······························103

目录

第8章　爱上阅读——读书让女孩的灵魂更丰盈 107

热爱读书，做个博学的小才女 108
不同的书籍有不同的阅读方法 111
读完就忘，不妨做做阅读笔记 114

第9章　勤奋努力——女孩终生努力，便成天才 117

梦想，就是好习惯的积累 118
女孩要趁早多涉及学习以外的其他领域 122
愿意吃苦，学习从来都不是一件轻松的事 125

第10章　挖掘潜力——优秀女孩从不给自己的人生设限 127

女孩要善于挖掘自身潜能，并不断发展它 128
要持之以恒，做事不能半途而废 131
如饥似渴地学习，女孩要不断提升自己 133

第11章　自立能力——女孩要尽早历练出自力更生的能力 137

独立自主，自己的事情自己做 138
女孩培养动手能力，从自理开始 141
积极主动，培养自己成事的能力 145

第12章　表达能力——智慧女孩语言生动，有说服力 149

修饰语言，提升表达水平 150
练习即兴演讲，训练表达能力 153

修炼凝练的语言风格，绝不重复啰唆 …………………………………… 156

第13章 沟通能力——好口才让女孩左右逢源 ………………………… 161

与陌生人见面，第一句话该如何说 …………………………………… 162
巧妙寒暄，拉近距离 …………………………………………………… 165
沟通前先营造良好的氛围 ……………………………………………… 168

第14章 观察能力——细腻的女孩拥有一双洞察一切的眼睛 ………… 173

细腻的观察力，体现出智慧 …………………………………………… 174
细心观察，"察人之未所察" …………………………………………… 177
保持敏锐的观察力，第一个赢得先机 ………………………………… 180

第15章 社交能力——女孩天生是优秀的交际家 ……………………… 183

大胆社交，培养良好的人际关系 ……………………………………… 184
乐于分享，做人见人爱的小公主 ……………………………………… 187
学会给予，别一味地索取 ……………………………………………… 191

第16章 记忆能力——超强记忆是女孩高智商的表现 ………………… 195

女孩的学习离不开记忆 ………………………………………………… 196
要想记得牢，复习要做好 ……………………………………………… 199
女孩要了解的增强记忆力的9种方法 ………………………………… 203

第17章 想象能力——想象力让女孩插上智慧的翅膀 207

- 想象力让女孩的智慧插上翅膀 208
- 创造力的产生源于想象力 211
- 想象力不是纸上谈兵，女孩要多动手和实践 214

第18章 情绪管理能力——优秀女孩总能做情绪的主人 217

- 女孩学会把好情绪带给别人 218
- 女孩学会用欣赏代替对他人的嫉妒 221
- 沉浸在抱怨中的女孩怎会有好心情 224

第19章 自我管理能力——自主自强的女孩拥有成才的资本 227

- 戒除恶习，终将优秀 228
- 学习要专注，不可三心二意 231
- 克服惰性，绝不偷懒 234

参考文献 237

学习习惯
——主动学习，做个博学的小才女

对于每个成长期的女孩来说，她们的主要活动是学习。相对于青春期前来说，女孩到了青少年阶段后，学习任务急剧加重。你可能并不爱学习，认为学习是一种负担，但随着社会竞争的日益激烈，你必须明白"知识成就命运"这个道理，也必须掌握知识。其实，人生是自己的，学会享受生活和学习，你就会变得轻松，就能在学习和生活之间轻松地游走！

优秀女孩必备的10个习惯和9种能力：升级版

放松学习，解除自己的心理压力

升入初三的丁当明显比以前学习压力大了，她玩的时间越来越少，有做不完的习题和看不完的书，离中考的时间也一步步近了。

紧张的临战气氛，来自老师、家长和学校等多方面的压力，让丁当觉得喘不过气来，丁当爸爸严先生是个细心的人，他看出来女儿最近的变化，找来女儿，开始帮助女儿解压。在一个周末，父女俩一起去爬山，爬到山顶的时候，严先生对女儿说："当心理状态不佳时，你可以暂时停止学习，放松一下，有一些小窍门会起到立竿见影的效果，如深呼吸、绷紧肌肉然后放松、回忆美好的经历、想象大自然美景等。考前一定要注意劳逸结合，学习之余可以去上网、爬山、聊天、听广播、看电视甚至蒙头大睡，这样既可以暂时转移注意力，也可以缓解大脑的缺氧状态，提高记忆力。这些方法都可以释放内心的压力，记住，劳逸结合，学会缓解才能学习得更好。"

"谢谢爸爸，我知道该怎么做了。"

第 1 章
学习习惯——主动学习，做个博学的小才女

果然，丁当又和以前一样，什么时候都精力充沛，学习上又有了更足的劲头儿了。

学习压力对每个处于成长期的女孩来说表现在两个方面，一方面是适当的压力会激励女孩，另一方面是过高的压力会使人崩溃，此时减压显得非常重要。和丁当一样，很多女孩的学习是紧张的，但必须学会放松。而要使学习过程轻松，就要有轻松的学习心理，摒弃过重的心理负担。

那么，女孩该如何解除自己的心理负担呢？不妨试试以下方法：

1.劳逸结合

首先要保证睡眠，晚上不开夜车。如果睡眠不足，要抽出时间补回来。另外，要适当参加运动。若时间允许，可在平时唱唱歌、跳跳舞或者参加一些集体娱乐活动。在看书做作业间隙，做做深呼吸、向远处眺望等。

2.多与老师、同学以及家长沟通

同龄人之间有相同的经历，说出来可能惺惺相惜，有助于排解紧张的心理情绪，而你的经历可能是老师曾经遇到的某种案例中的一个，他的一句话可能就会让你豁然开朗。

3.相信自己

你要告诉自己：别人能考好，我也能考好，有可能我比别人考得更好。

4.掌握减压的方法

怎么减压呢？每个人都会有一些释放压力的小窍门，无论采用什么方法，只要能解决问题就是好的。比如进行深呼吸，集中注意力，放松从头到脚的肌肉。这个过程可以是几分钟或者是十分钟。深呼吸的动作可以在课间做。

你还可以通过自我暗示减压。怎么暗示自己？比方说：这种压力对我来讲，没什么了不起的，大家都跟我一样有压力，就看谁能够调节过来。当你认为你跟大家都一样的时候，你的压力马上就会减轻。如果早上你觉得特别烦，最简单的减压办法就是格外认真地把脸好好洗洗，然后照照镜子，拍一拍：我觉得今天脸很清爽，我感觉今天神清气爽。这也是一种很好的自我暗示。

第1章
学习习惯——主动学习，做个博学的小才女

 劳逸结合，注意学和玩的度

周亚是某校的中考状元，在提到学习心得时，她说："劳逸结合使学习不断进步。"周亚的爱好是打羽毛球，每次，当她学习累了的时候，她都会找几个朋友或同学痛痛快快地杀几个回合。曾经一次月考失利时，她将沮丧倾诉给了汗水，一场羽毛球下来，忧愁全无。周亚说，从来不熬夜的劳逸结合方式可以让学习效率日益提高。

从周亚的经验中，我们发现，会学习的人都不会选择疲劳战术，他们能够成为学习上的尖子生，也是深谙"学要学个踏实，玩要玩个痛快"的精神。

曾经有人说，如果我们可以总结出生命的状态，那么，它大致有两种：运动和静止。生活中，要面临升学压力的青少年阶段的女孩们，每天的生活重心都是学习，努力学习固然不错，但并不意味着要一刻不停地学习。适可而止，会休息才会成长。因此，无论怎样，你都要懂得休息，只有劳逸结合，才有更高的学习效率。

可能有些女孩会认为，马上要参加考试了，剩下的时间已经不多了，于是，她们会选择夜以继日地学习。争分夺秒地抓紧时间学习固然有一定效果，但拼时间、搞疲劳战术不可取，这样会影响学习效率，为此，你要注意劳逸结合。

优秀女孩必备的10个习惯和9种能力：升级版

那么，在学习中，我们该怎样做到劳逸结合、调整自己呢？

1.统筹兼顾、合理安排

你应该合理分配学习、休息的时间，做到劳逸结合，把握好生活节奏。

2.保证睡眠，事半功倍

高质量的睡眠永远是最有效的休息方式。无论是在平时还是临考，你都要调整好自己的作息时间，坚持早睡早起。另外，要防止失眠，你要调整好心态，放松心情才能很快入睡。

3.没必要补课

那些学习成绩优异的人，都坚持一个观点——中学生没有必要补课。的确，学习讲究的是方式、方法，打疲劳战术是最不可取的。中学生活不像人们想象中的那么可怕，根本没必要将所有时间都投入到学习中，只要课上认真听讲，课后多和

老师、同学交流，把错误的题及时弄会，是很容易学好知识的。

4.留出一些机动时间

可能你会认为，忙碌的一天才算充实的一天，你也许还会把自己一天的时间安排得满满的，但一遇到突发事件，就手忙脚乱了。其实，你应该学会合理规划时间，留出一些时间处理突发情况；而即使没有出现这些突发事件，你也能给

自己一个放松和休息的机会，或与父母、朋友联络一下感情、考虑一天工作中的得失等。

总之，每一个渴望提高成绩的女孩都要明白一点，单纯靠挤时间是没用的，你必须记住世界上有比时间更重要的东西——效率。我们每个人一天都只有24个小时，再怎么挤也有限，但是时间利用的效率是可以成倍提高的。当我们在思考如何利用时间的时候，首先要想到的不是从哪里抠多少时间出来，而是怎么样提高现有的时间利用效率。

优秀女孩必备的10个习惯和9种能力：升级版

理解加思考，死记硬背的知识并不长久

衣服 筷子 笔 线 水壶
碟 信纸 茶叶 酒杯 信封
针 勺子 糨糊 纽扣 杯子
碗 邮票 剪刀 炉子 火柴

学习中，不少女孩抱怨自己总是记不住知识，其原因之一往往是不能理解知识。常言道："若要记得，必先懂得。"日本教育界提倡的一句口号是："要理解，不要死记硬背！"这里所说的思考，首先也是指理解。捷克著名教育家夸美纽斯说："学生首先应当学会理解事物，然后再去记忆它们。""只有彻底地懂得，并且记忆了的东西，才能看作心理的财产。"

现在我们来做一个实验：

假如黑板上有以下20个名词——衣服、筷子、笔、线、水壶、碟、信纸、茶叶、酒杯、信封、针、勺、糨糊、纽扣、杯子、碗、邮票、剪刀、炉子、火柴。在你看完两三分钟后，你来默写一次。你能记住多少？

这里，如果你能将这些名词分类：与餐饮有关的——碗、勺、碟、筷子、酒杯；与喝茶有关的——杯子、茶叶、水壶、炉子、火柴；与缝纫有关的——纽扣、线、剪刀、针、衣服；与通信有关的——信封、邮票、糨糊、信纸、笔。

能找出这样的分组方式，那么，记忆起来就轻松多了。这一方法我们称之为意义识记，顾名思义，就是在记忆前先理解知识的含义，并利用过去的知识和经验的一种记忆方法。而有一些学生，老师在黑板上写什么，他们就记什么，根本没有理解事物之间的内在联系与其含义，这属于机械识记，也就是不需要理解事物的意义或不需要利用过去的知识和经验，只靠对事物的重复来记忆的方法。

不过，我们必须要承认，这两种方法在学习中都是不可或缺的，比如，原理、定义、定理、法则的记忆需要靠意义识记；对历史年代、人物名称、山的高度、元素符号的记忆，则需要机械识记。

不同年龄，两种记忆方法在记忆中所占的比例也是不同的。机械识记在记忆中所占的比例，小学一年级是72%，初二是55%，高二是17%。意义识记在记忆中所占的比例，小学一年级是28%，初二是45%，高二是83%。可见，随着年龄的增大，中学生记忆中的意义识记所占的百分比越来越高，而机械识记所占的百分比则越来越低。

理解记忆的运用步骤是：

1.了解大意

当您记忆某个事物的时候，首先要弄清它的大致内容。拿读书来说，先要通读或者浏览一遍。如果是记忆音乐，先要完整地听一遍全曲。了解了全貌才能对局部进行深刻的理解。这也就是"综合"。

2.局部分析

对事物有了大致了解后,就要逐步深入分析。比如对一篇论文,要弄清它的论点论据,根据结构分成若干段落,逐个找出主要意思,也就是要找出"信息点",加以认真分析、思考,以达到能编制文章纲要的程度。

3.寻找关键

也就是韩愈在他的《进学解》中所说的"提要钩玄"。找到文章的要点、关键和难点,并弄明白,牢牢记住。只有在此基础上,才能理解和记住其比较次要或者从属的内容。

正是"万山磅礴,必有主峰;龙衮九章,但挈一领。"

4.融会贯通

就是将所理解和记住的各种局部内容,联系起来反复思考,全面理解。这样更有利于加深记忆。

5.实践运用

所学的东西，是否真正理解了，还要看在实践中能否灵活运用。如果应用到实际工作中就"卡壳"，那就说明并未真正理解。真正的理解是有具体标准的。一是能够用语言和文字解释，一是会实际运用。在实际运用过程中，会继续深化理解。

总之，女孩们，在对所学的知识进行理解时，应该充分利用这些分析和综合的方法，以促进理解，提高学习和记忆的效能。

优秀女孩必备的 10 个习惯和 9 种能力：升级版

 制订计划，学习才能事半功倍

班级每个月的学习交流会又来了，会上，大家七嘴八舌地说起来。

"周涵涵是怎么学习的呀？"很多女孩凑在一起讨论。

"听说她并不是每天晚上做题到深夜，我每天都做好些习题，可是学习成绩就是不见好啊，这是怎么回事呢？"

"是啊，我也是，好像每天都忙忙碌碌的，有时候，饭都顾不上吃，努力学习，可学习成绩还是处在中等水平。"

这时，老师走过来，说："你们已经是初中生了，不能再用从前的学习方法学习，得重新制订一个合理的学习计划了，这样你们才会高效地学习呀，不然学没学好，玩没玩好，两头受累啊！"

可能不少女孩会发现，当你进入中学后，也逐渐认识到了学习的重要性，你决定要做个优秀的学生，努力学习，希望可以走在队伍前列，但事实上，你似乎总是力不从心，似乎总是感觉时间不够用，学习效率也很低。这是为什么呢？

其实,这是因为你缺少一个合理的学习计划,合理的学习计划是提高成绩的行动路线。没有学习计划,学习便失去了主动性,容易造成东抓一把西抓一把,以致生活松散,学习没有规律,抓不住学习的重点,因而总是被其他同学远远地甩在后面。

制订学习计划,你可以遵循以下几个原则:

1.合理安排时间,制订出作息时间表

比如,你可以制订出一张作息时间表,在表上填上那些非花不可的时间,如吃饭、睡觉、上课、娱乐等。安排这些时间之后,选定合适的、固定的时间用于学习,必须留出足够的时间来完成正常的阅读和课后作业。注意检查在时间上的

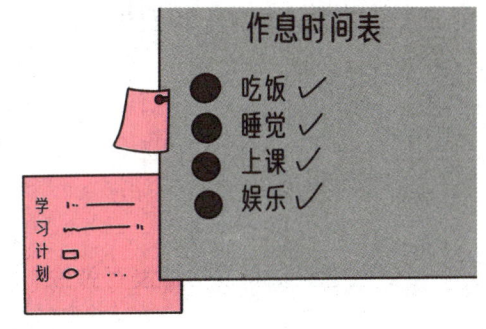

安排是否合理,比如,每次安排的学习时间不要太长,40分钟左右为最佳。

一张作息时间表也许不能解决所有的问题,但是它能让你了解自己如何支配你这一周的时间。

2.学习任务明确,目标切合实际

一些女孩制订的学习计划很模糊,比如,晚饭后背外语,睡觉前温习课文等。这种计划看似没有什么错误,似乎也足够具体,但实际效果并不如意。因此,这种任务虽然有一种学习的方向感,但并不具体,以至于到了执行计

划的时候，会不知从何开始，如果把目标再具体细化到：晚饭后背单词十个，睡觉前温习第几课课文，晚上八点半整理出三角形公式。这样效果会更好，而且如此具体的任务分配也有利于自检任务完成状况。

3.学习计划应与教学进度同步

在制订学习计划时，你要以学校每日课程表为基准，参照学校老师的授课进度，再结合自己的学习状况制订计划。

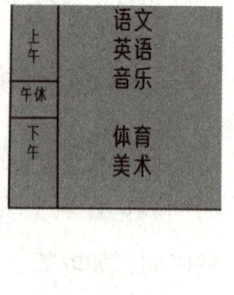

4.计划应该简单易行而富有弹性

整个计划要有一定的机动灵活性。正常情况下，计划都应该严格按时完成，但你的生活要受很多因素影响，难免会出现特殊情况，所以就要求计划不能过于僵硬呆板，要有一定的灵活性，保证不至于因为一个环节不能完成而打乱后面的所有计划。

在制订计划后，你还要做好自我监督，通过科学的安排、使用时间来达到这些目标，要以充足的睡眠、合理的进餐与有序的学习相结合，否则，即使再完美的计划，也只是纸上谈兵！

第 2 章

积极生活
——优秀女孩都有健康自律的生活习惯

十几岁,是女孩身体发育和成长的关键时期。这个时期的女孩要注意身体,要培养健康自律的生活习惯,这样既可以让美丽驻足,还能更轻松、高效地学习,同时,也减轻了大脑的负担!

优秀女孩必备的 10 个习惯和 9 种能力：升级版

早睡早起，好好吃饭

这天晚上，都十二点了，雯雯还在房间玩手机。妈妈看见雯雯房间的灯还亮着，就站在房门外，等雯雯把手机上的游戏打完，然后敲开了雯雯的门。

"雯雯，你知道几点了，对吧？不早了哟。"

"我知道，可是明天周末呀，没事的。"雯雯为自己找借口。

"可是你知道吗？你今天晚睡，明天就要睡懒觉，明天晚上又会睡不着，循环往复，你的作息时间就会被打乱，伤身体不说，还会影响你的学习效率。"

"嗯，妈妈你说得对，健康的前提还是要有规律的作息时间……"

关于吃饭和学习的问题，可能一些女孩会问，这二者八竿子打不着，能有什么关系？其实不然，"要想学习好、首先要吃饱"的观点未必正确，教育专家指出，对于致力于提升学习效率的人而言，在饮食上需要注意清淡、营养，切忌大鱼大肉，以达到增强记忆力、缓解紧张情绪的目的。每个女孩到了十几

第 2 章
积极生活——优秀女孩都有健康自律的生活习惯

岁以后，身体快速发育，且学习任务的加重，都需要充足的营养，但不必刻意追求高营养，但牛奶、鸡蛋、豆浆等富含蛋白质、钙质的食品是不可或缺的，尤其晚上睡觉前喝牛奶有助于睡眠。

那么，具体来说，女孩们该在饮食上注意些什么呢？

1.作息规律

良好的生活习惯，源自平时良好作息时间的保持。不少女孩缺乏这种作息时间观念，更谈不上养成。只有合理安排好自己的作息时间，使生物钟能够保持正常的周期，人体才会感觉到精力旺盛。大量资料表明，生活有规律、勤劳而又能劳逸结合的人，不仅工作效率高，而且健康长寿。因此，生活中的女孩们，一定要遵循正确的作息时间。

2.早餐要吃饱

十几岁的女孩每天大部分时间都在学习，即便是晚上也是如此，尤其是那些即将面临升学的女孩，更是经常学习到深夜，这样，经过一夜体能消耗，各种代谢物在体内也有一些堆积；而第二天早上和上午，女孩依然要面对高强度的学习压力，必须要获得充足的能量来源才能保证学习，不吃早餐，不但很容易造成低血糖，更影响学习效果。

因此，吃好早餐可以给大脑提供充足的能量，对保持旺盛的精力和较好的学习状态非常必要。

早餐不仅要吃饱，而且要保证营养充足，女孩学习压力大、用脑多，还可以多食用一些蛋白质、维生素含量高的食物，如鱼类、豆制品、瘦肉、鸡蛋、牛奶以及新鲜蔬菜、瓜果等，少吃肥肉、油炸食品等。早餐应该有粮食，干稀搭配、主副食兼顾，比如粥和鸡蛋。

3.少荤多素，多吃水果

一般情况下，吃过于油腻的东西会加重身体的负担，长期大鱼大肉甚至会影响健康，而新鲜的蔬菜清淡爽口，蔬菜水果中含有丰富的维生素C和膳食纤维，维生素C既可促进铁在体内的吸收，更重要的一点，它还可增加脑组织对氧的利用。另外，这类食物还可帮助消化，增加食欲，尤其在炎热的夏天，本来食欲就低，加之复习考试紧张，就更不想吃东西了。吃一点新鲜水果可以开胃。少荤多素，多吃水果，合理搭配，吃起来心情也会轻松。

第 2 章
积极生活——优秀女孩都有健康自律的生活习惯

 保持卧室的清洁卫生

周六这天早上,玲玲起了个大早,把房间窗户打开,窗帘拉开,把被子整整齐齐叠好,然后拿来清水和抹布、拖把等,把房间彻彻底底打扫了一遍,忙完这些,才八点。这时候,妈妈起来了。

"咦,这么早?干嘛呢?"

"打扫卫生啊,您不是看见了吗?是不是焕然一新。"玲玲很自豪地说。

"确实,干净了不少,妈妈很赞同你这样做,但问题是,今天怎么太阳打西边出来了?平时周末你都是拖拖拉拉到十点才起来。"

"以前这样不好,老师跟我们说,女孩子要讲究卫生,卧室要经常打扫、通风,才能避免感染很多疾病,让自己有个好的休息和睡眠环境。"玲玲解释道。

"老师说得对,不过妈妈希望你能坚持下去,加油……"

生活中,可能不少女孩会认为,作为学生,任务就是学习,整理、打扫自己的房间,那是爸爸妈妈的事情。但事实上,我们可以来计算下,在你每天的

019

二十四小时内，你最起码有三分之一的时间都是在卧室度过的，卧室是你休息、睡觉的地方，卧室也是你肌肤接触最多的地方，如果不按时打扫，会直接影响身体的健康，也会影响你们夜间休息的质量。做好卧室的清洁和整理工作，才能保证你远离病菌，同时，干净、舒适的卧室也会令人身心愉悦。

其实，很多女孩在很小的时候就被父母这样教育："女孩子要爱干净、爱卫生，这样才可爱。"只要女孩坚持动手，经常打扫房间，就能将这一习惯坚持下来。

"我的女儿七岁那年，干什么事还都离不开父母，后来，我有意地把一间小屋交给她安排。经过一段时间的训练，她不仅敢一人睡一间屋，而且还学会了铺床、叠被、整理房间，从依附向独立迈出了可喜的一步。她经常领小朋友到她的'领地'来做各种游戏。那神情、那口吻俨然是一位'小老师'，表现出一定的组织能力和表达能力。"

当然，随着女孩逐渐长大、学习任务加重，不可能花大量时间整理房间，但最起码要做到以下几点：

1.坚持一星期一次大清洗

这主要是针对房间内的灰尘而言的，因为灰尘对人体的呼吸器官会产生严重的损害，灰尘颗粒可以导致人体患上哮喘、咳嗽和充血等疾病。因此，灰尘的打扫是必须的。

2.做到一星期清洗一次床上用品

其实,最严重的污染源是人体,可能有些女孩会说,可以用被子或者床单盖住床,这样就没有灰尘落入了,其实不然,因为你白天在外面活动一天,难免会将细菌带入家里,如果回家不换衣服或者不洗手,就更容易将灰尘附着在床  上。另外,宠物也会带入大量的细菌。对此,最好经常清理房间中的通风口、排气管道。这些都是传输细菌的主要渠道。不要在室内抽烟,抽烟时喷出的烟雾容易使空气中的灰尘滞留。最好不要将空气清新剂或是香水喷洒在空气中。如果对花粉不过敏的话,最好还是买几盆鲜花,既装饰了屋子,又可以使空气保持新鲜。

优秀女孩必备的10个习惯和9种能力：升级版

言必行，行必果，培养诚实守信的生活习惯

当今社会，合作的重要性已经日益凸显，女孩也即将作为一个社会女性追求自己的事业，而这过程中，就必须要学会与人合作。与人合作，守信是第一大原则。因此，任何一个十几岁的女孩，要想在未来社会站住脚，就必须培养成自己说到做到、"言必行，行必果"的性格，一个有信义的女孩，才是有魅力的女孩。

一个星期天，宋耀如穿戴整齐带着全家去一位朋友家做客，大家都准备出门了，只有宋庆龄仍在钢琴前弹奏着那动听的旋律。

母亲喊道："孩子们快走吧，伯伯正等着我们呢！"听到妈妈的喊声，宋庆龄立即合上琴盖，小跑着出房间，正想拉着妈妈就走，但突然像想起来了什么顿住脚步。

"怎么呀？"宋耀如见状，问女儿是怎么回事。

"今天我不能去伯伯家了！"庆龄有些着急地说。

第 2 章
积极生活——优秀女孩都有健康自律的生活习惯

"为什么不能去，孩子？"倪桂芝望着女儿说。

"妈妈，爸爸，我昨天答应小珍，今天她来我家，我教她叠花。"庆龄说。

"我原以为有什么非常重要的事情呢？这好办，以后再教她吧！"父亲说完，便拉着庆龄的手就走。

"不行！不行！小珍来了会扑空的，那多不好呀！"庆龄边说边把手从父亲的大手里抽回来。

"那也不要紧呀！回来后你就到小珍家去解释一下，并表示歉意。明天再教她叠花不也可以吗？"妈妈说。

"不！妈妈，您不常说要信守诺言，我答应了别人的事，怎么可以随意改变呢？"宋庆龄不停地摇着头说。

"我明白了，我们的庆龄是一个守信用的孩子，不能自食其言是吗？"妈妈望着庆龄笑了笑，接着说："好吧，那就让我们的庆龄留下吧！"

宋耀如夫妇放心不下家中的小庆龄，在客人家吃过中午饭，就提前匆匆地回到家中。

一进门，宋耀如高声喊道："亲爱的庆龄，你的朋友小珍呢？"

宋庆龄回答说："小珍没有来，可能是她临时有什么急事吧！"

"没有来，那我的小庆龄一个人在家该多寂寞呀！"倪桂芝心疼地对女儿说。

"不，小珍没有来，家中虽然只有我一个人，但是我仍然很快活，因为我信守了诺言。"听了小庆龄的话，宋耀如夫妇满意地点了点头。

看完这个故事，我们不得不承认，宋庆龄是中华儿女敬佩的女性，小时的她就是个信守诺言的人。

一个人诚实守信，换来的就是他人的信任，自然也就能获得大家的尊重，反过来，如果一个人因为一己之私或者贪图安逸而失信于人，那么，你得到的利益也只是暂时的，你失去的是一个人的信誉。所以，失信于朋友，无异于丢

优秀女孩必备的10个习惯和9种能力：升级版

了西瓜捡芝麻，得不偿失的。为此，你可以从以下几个方面培养自己守信的性格和习惯：

1.增强自己的责任感

你一定要明白的是，做人做事一定要"言必信，行必果"因为只有这样，人才能有进步。因此要做到讲信义，就必须加强做人的责任感。

2.对他人作出的承诺要三思而后行，要考虑到它的可行性

你一旦许下诺言，就一定要努力实现，即使需要付出一定的代价。的确是非人力之所能为的，就一定放下面子，及时诚恳地向对方说明实际情况，请求谅解。

3.及时纠正自己的不诚实行为

人都犯过错，包括撒谎。也许你曾经也为了逃避一次罪责，为了获得某件东西而撒过谎，但你一定要认识到行为的错误性，主动找对方道歉，当你敞开心扉后，你的内心必定会畅快很多。

总之,女孩们,在生活中,你一定要做到对别人讲信用,负责任,答应别人的事要兑现;如果经过再三努力仍没有做到,应诚恳地说明原因,表示歉意。另外,在答应别人之前,要慎重考虑自己有没有能力和把握做到,应留下余地,不要大包大揽。

优秀女孩必备的10个习惯和9种能力：升级版

别任性，做个懂事的乖乖女

生活中，我们常听到有些家长诉苦："我女儿真任性，现在都五年级了，还是像小时候一样，这不，告诉她天还冷，别那么早穿裙子，她连哭带闹，真没辙！""我家这个更要命，犯起性子来说也不听，打也不成。要不，就给你哭得闭过气去！"

孩子为什么任性呢？形成的原因有很多种。但无论如何，女孩们，你需要记住的是，任何美好性格的形成都是在现下这个阶段。只有懂事的女孩才会被父母、老师、同学喜爱，也才能赢得更多朋友。

下面是一位妈妈的自白：

"我的女儿小洁今年刚上初中，很聪明，因为我们工作很忙，所以今年我们才把她接到城里来和我们一起住，以前都是爷爷奶奶带的。因为她小时候没吃过母乳，身体多病，所以爷爷奶奶对她照顾很周到，总是担心她生病。

"到新的班级，女儿的学习能力和接受能力还不错，但就是改不了任性的毛病,有点我行我素,听她的老师说,在上公开课的时候,教师点她发言,其实她会,但就是不配合,还跟我们说,不想让这么多不认识的人听她念课文,哎,这孩子,我们也不知道说什么好。

"转眼,冬天就要到了,我们给女儿买了几件羽绒服,因为北方的冬天确实很冷,每天早上我们都会骑着电动车送她上学,但她就是不穿羽绒服,她说太臃肿了,很土,坚决要穿着秋天在商场买的粉色裙子,最后我们只得答应再去给她买件冬天的裙子。

"在饮食上,女儿也比较任性,我们都知道天天吃炸鸡、薯条并不好,可是女儿却每天都要吃,我们给她的零用钱她都买这些了。到正经吃饭的时候,她就说自己不饿,我们经常给她看一些有关垃圾食品对身体有害的报道,可女儿就是不听,真不知道该怎么教育她。"

可能生活中有不少如故事中的妈妈形容的女儿,她们做事不大考虑后果,也不大考虑他人的感受,凡事由着自己的性子,让父母很头疼。然而,一个懂事的女孩就不会任性。当然,女孩的懂事不是天生的,而是在后期的生活和学习中不断养成的。如果你也是一个任性的女孩,那么,从现在,你必须要改掉这一坏毛病。

对于处于性格形成期的女孩来说,任性是一种不良性格特征的苗头,对成长很不利。女孩天生是听话懂事的,是父母眼中的乖宝贝,可是现代社会,很多女孩都是家庭中的独生女,是家中的小公主,被父母宠着,她们的一切要求都能被满足,正是因为这样,她们慢慢便养成了任性的坏毛病。

对于成长期的女孩,你需要从以下方面改正自己任性的性格:

1.注意转移

经常看到这样的情形:女孩非常任性地要做不该做的事,大人非要阻拦不可,但说也不听打也不行,一个要干,一个要拦,相持不下局面尴尬。若恰在这时推门进来一个生人或发生一件新奇的事,女孩立刻被吸引过去,就不再任性了。这是因为她的注意转移了。

因此，作为女孩，当你想做一件在父母和长辈们看来不正确的事时，你不妨学会转移自己的注意力，比如去看看书、上上网等，等你冷静下来后，你那些任性的想法也就不存在了。

2.自我强化

比如，你今天心情不好，不想吃饭，那么，你就告诉爸爸妈妈："你们先收拾饭桌吧，我饿了自然知道吃的。"等你挨饿以后，你就知道自己不吃饭的做法不对了。另外，你觉得冬天穿裙子很好看，那么，你就穿穿看，等你挨冻了，也就知道下次不该这样了。

3.让父母帮忙监督自己

你要告诉父母，你有任性的毛病，要让他们在日常生活中监督自己，不让自己得寸进尺。还可以与父母"约法三章"，比如，你容易在祖辈面前撒娇，在去爷爷奶奶家之前，你就和父母商量好，如果再任性的话，就怎样等。

其实，真正的公主并不是骄傲的，而是善解人意、懂得为父母考虑的、乖巧懂事的好女孩，这种女孩，无论在家庭、学校还是未来走上社会，都会成为别人青睐的对象。

第 3 章

说话习惯
——做善解人意、有教养的好女孩

女孩到了十几岁以后,她们的体验和童年时代是不同的,活动天地一下子变开阔了,学到的知识加深了,与老师、同学交往的范围扩大了,获取的信息大大增加了,此时,正是她们培养良好的说话习惯的关键时期,要知道,那些知书达理、善解人意的女孩无论到哪里都受人欢迎。生活中的女孩们,如果你也能多历练自己的表达能力、学会与人沟通,在说话时能多角度考虑、多理解他人,那么,这表明你正在走向成熟。

表达关心，付出你的爱

（谢谢你，刚才帮了我。）　（没关系。）

我们都知道，人与人之间的交往是一个互动的过程，一个内心自私的人，是交不到真正的朋友的。所谓"赠人玫瑰，手有余香"，很多时候，我们关心他人，获取的不仅仅是友谊，还有一份内心的愉悦。事实上，我们的生活中处处存在美与爱。我们每天都能看到初升的太阳，那是自然之美；我们每天都能拥有他人的关爱与帮助，这是人性之美。

台湾已故著名作家三毛曾经写过一首歌叫《一亩田》，里面有这样的歌词："每个人心里一亩一亩田，每个人心里一个一个梦，用它来种什么，用它来种什么，种桃种李种春风……"其实，对他人伸出援手，不也是一种春风吗？只要每个人都在心里播撒爱的种子，春风就会在田野里荡漾，心里自然也会涌起春风带来的暖意！

青春期是人的人格砥砺和品质形成时期，每一个正处于这个阶段的女孩都要学会表达爱和付出爱，有时候，你对他人的一次举手之劳，不仅成全了他人，也成全了自己。

曾经有这样一个故事：

很久以前，一天晚上，一位在诊所值班的医生接到了电话，打电话的人说，附近小区有家人的孩子生了重病，需要立即进行救治。医生赶紧出诊，但走到半路的时候，却发现，前方的路被一个很宽的沟壑堵住了。于是，他只好求助于正在施工的挖土机师傅，师傅一听事情原委，赶紧帮忙填好了沟壑，让医生顺利过去救人。

随后，医生赶到病人家，孩子顺利脱险。在回去的路上，他感激地向那位挖土机师傅道谢："谢谢你，是你救了孩子一命。"不料，师傅在问清病人地址后说道："我根本不知道那是我的孩子。"

这是一个多么出人意料的结局，但这个小小的故事却告诉我们生活中的每一个人，赠人玫瑰，手有余香，有时候，帮助他人也就是帮助自己。

可能在一些女孩的观念里，关心、帮助他人有时候是一种情感或物质上的施舍，而实际上，帮助别人，最终获益的人是我们自己，因为我把帮助别人看作给自己创造幸福的机会，是使自己情感得到升华的契机，是精神的、抽象的、崇高的、愉悦的，帮助别人是自己获得起初是生理快乐接着是由此上升为精神愉悦的一个审美的过程。

然而，要理解这一点，还需要你在日常生活中把关心他人真正付诸行动。帮助别人是使社会和谐，驱散人和人之间隔阂、冷漠、无情的一种最具渗透力和生命力的行为，互助友爱的世界是温馨、热情、柔软的天堂；反之缺乏信任、尔虞我诈的社会是寒冷的地狱。从这个角度说，帮助别人造福你、我、他，造福全社会。

生活中的女孩们，当遇到需要帮助的人的时候，你是否愿意停下来为他们想想办法？或许在不经意间，受帮助的不仅是别人，而且还有你自己——爱结合智慧原来是能够产生奇迹的。其实任何一次助人行为，都是完善自我、实现自我价值的机会，怎能不出于自愿？心存善念，多行善事。

那么，女孩们，你该如何学会关心他人呢？

1.从关心你周围的人开始

无论是父母,还是你的朋友、老师,你都要关心,一个人,只有先学会了关心自己最亲近的人,才可能真正去"博爱",才可能爱其他人。因此,如果你的老师生病了,你的朋友遇到了一些困难,千万不要袖手旁观,给予他实在的帮助并加以安慰。在这种举动中,你将会体验到帮助别人的快乐。

2.任何关心必须是发自内心的

真诚的、发自肺腑的关心才是真正打动人的,也才能让你获得心灵意义上的满足。

3.多设身处地地为人着想

有时候,人们在需要帮助时是不愿主动开口的,如果你能做到先设身处地为别人着想,再提供帮助,那么,对方一定会认为你是一个善解人意的人。

女孩礼多人不怪，多说礼貌语

> 嗨~好久不见，你更漂亮了！

生活中，相信任何一位成长期的女孩都知道，文明礼貌是中华民族的优秀传统，是人们在日常人际交往中应当共同遵守的道德准则。在人际交往中，和悦的语气、亲切的称呼、诚挚的态度等，这会使你更加友好、尊重别人，俗话说："良言一句三冬暖，恶语伤人六月寒。"因此，文明的谈吐和行为是每个女孩具有良好修养的表现，讲文明礼貌能促进女孩和别人之间的团结友爱，是与他人之间情感的道德桥梁。

因此，在日常生活中，尤其在语言习惯上，女孩要学会掌握一些礼貌用语，而礼貌用语要文明雅致、措辞恳切、热情真挚，说话的时候要口气和蔼、面带微笑，做到这些需要注意以下几个方面：

1.学习一些初步的礼仪知识

女孩应该从小学习一些礼仪知识，这也是文明行为，包括见面或分手时打招呼、握手，与人交谈时眼神、体态和表情要体现出对对方的尊重，久而久之，你就会认识到说脏话是一种不礼貌的行为，就会努力改正。

2.杜绝说脏话的习惯

要知道，一个满嘴脏话的人，无论是生活、工作还是学习，是无法获得他人的尊重和友好协作，也不易获得友谊和自信，因此往往缺乏幸福感。要想成长为有所作为的女孩，你就要从小懂礼貌、讲文明。

也许，在你还小的时候，无论是老师还是父母都嘱咐你要文明礼貌，不能讲脏话，但是随着年纪的增长，一些女孩逐渐忽略了这一方面的学习，实际上，文明礼仪学习也是素质教育的重要方面。

3.让孩子掌握一些礼貌用语

（1）欢迎语。是接待来访客人时必不可少的礼貌语。例如"欢迎您""欢迎各位光临""见到您很高兴"等。

（2）征询语。是指在交往中，尤其是在接待的过程中，应经常地、恰当地使用诸如"我能为您做什么""请问，您找谁""请问您需要什么帮忙吗"等征询性的语言，这样会使他人或被接待者感觉受到尊重。

（3）请托语。顾名思义，就是我们向他人提出某种请求或者希望获得他人帮助时使用的语言。对此，我们一定要"请"字当先，而且态度语气要诚恳，不要低声下气，更不要趾高气扬。常用的请托语有"劳驾""借光""有劳您""让您费心了"等。

（4）赞美语。赞美语是指向他人表示称赞时使用的用语。常用的赞美语有"很好""不错""太棒了""真了不起""真漂亮"等。在交往中，我们要细心观察，善于发现他人的优点和长处，并加以赞美。这样做的好处是，不仅能拉近彼此间的距离，还能体现我们的友好，有利于获得他人的好感。

当然，面对他人的赞美，也应做出积极、恰当的反应。例如，"谢谢您的鼓励""多亏了你""您过奖了""你也不错嘛"等。

（5）致歉语。在日常交往中，人们有时难免会因为某种原因影响或打扰了别人，尤其当自己失礼、失约、失陪、失手时，都应及时、主动、真心地向对方表示歉意。常用的致歉语有"对不起""请原谅""很抱歉""失礼了""不好意思，让您久等了"等。当你不好意思当面致歉时，还可以通过电话、手机短信等其他方式来表达。

（6）拒绝语。是指当我们在面对别人请求，但不得不拒绝时，采用婉转的词语加以暗示，使对方意会的语言。在人际交往中，当对方提出问题或要求，不好向对方回答"行"或"不行"时，可以用一些推脱的语言来拒绝。例如：当别人求助我们做一件事，而我们能力有限，无法办到时，你就可以这样拒绝："很抱歉，我很想帮你，但是……"

（7）告别语。告别语可能显得有点客套，但却不失礼仪。与人告别时神情应友善温和，语言要有分寸，具有委婉谦恭的特点。例如："再次感谢您的光临，欢迎您再来！""非常高兴认识你，希望以后多联系。""十分感谢，咱们后会有期。"

俗话说"一句话能把人说跳，一句话也能把人说笑。"任何女孩都要明白，懂点语言礼仪、学会得体地说"礼貌话"，是帮助你接通情感的热线、使交际畅通无阻的重要前提。

别总是顺从，女孩要懂得拒绝

> 妈妈，同学又让我给她带早餐……

> 你也要学会拒绝啊！

生活中，没有人喜欢被拒绝。同样，天性温柔善良的女孩们更会在拒绝别人时很容易发生一些心理障碍。生活中成长期的女孩们，你是否曾经为以下事情伤脑筋：你的一个同学，非要和你借钱，你深知，如果钱借给他，就等于肉包子打狗——有去无回；或者一个熟人向你兜售物品，明知买下也会吃亏；或者你的一个好朋友有求于你，而你心有余而力不足，但他不相信，认为是你"见死不救"，故意不帮助他……遇到这些问题，你该怎么办？要记住，你不是神仙，也不能呼风唤雨，有求必应，该拒绝的就必须要拒绝。如果不好意思当场拒绝，轻易承诺了自己不能、不愿或不必履行的职责，事办不成，以后你会更加难堪。

我们来看下面的情景：

"妈妈，我们班珍珍又让我给她带早餐，真烦人。"女儿跟妈妈抱怨道。

"帮助同学不是应该的吗？"

"可她每天都这样。本来那天早上，她说自己要迟到了，给我打电话让我带早饭直接去教室吃。但后来，她每天都说自己要迟到，我也不知道怎么拒绝她。"

"乖女儿，你是个善良的孩子，但帮助别人也要有度的，别人能做到的事，却让你去帮忙，你就不该答应，你要知道，'好好先生'总是会被别人欺负……"

案例中，妈妈的话是有道理的，毫无原则地帮助别人就会成为一个吃力不讨好的"好好先生"。诚然，人生在世，谁都会有求于人，正是深知这个道理，我们对于别人的困难也常常伸出援助之手。但对别人的请求，总不能事事都答应，对有些自己力不能及的、违犯原则的、出力不讨好的、付出精力太多的请求，不得不加以拒绝。不善于拒绝别人的人是一个没有原则的人。

可能不少女孩会误认为，"我只有顺从和帮助别人，才能变得可爱"，这样，你只会成为别人口中的"好女孩"，对于任何人的任何请求都来者不拒，而最后你会发现，自己已经筋疲力尽，却"吃力不讨好"。不会拒绝让你疲惫，感到压迫和烦躁。不要使自己经成为一个喜欢"取悦别人"的人。如果你是这样的人，那么这种情况将会恶性循环，使你身边的人都希望你随时随地在他们身边，为他们服务。等到你的能量耗尽时，才采取行动。

当然，拒绝别人是一件令对方不快的事。那么，有哪些方法，可以令对方在被拒绝后感到理所当然，从而对你的拒绝有信服力呢？我们主要有以下六个要素：

1.要有笑容地拒绝

拒绝的时候，要能面带微笑，态度要庄重，让别人感受到你对他的尊重、礼貌，就算被你拒绝了，也能欣然接受。

2.要有理由地拒绝

这样，即使你拒绝了对方，也会让对方觉得你已经尽力，还是会感动于你的诚恳。

3.要有代替地拒绝

你跟我要求的这一点我帮不上忙，我用另外一个方法来帮助你，这样一来，他还是会很感谢你的。

4.要有帮助地拒绝

也就是说你虽然拒绝了，但却在其他方面给他一些帮助，这是一种慈悲而有智慧的拒绝。

5.要有出路地拒绝

拒绝的同时，如果能提供其他的方法，帮他想出另外一条出路，实际上还是帮了他的忙。

6.要留退路地拒绝

不要把话说死,把路堵绝。比如,这事难度太大,办成的可能性极小,但是为了朋友的感情,我愿意尽最大努力。这样即使事情办不成,朋友也会领你的情。

总之,女孩们,拒绝别人讲究一定的技巧,只有这样,才会让对方心服口服地接受你的拒绝。

避免喋喋不休，女孩要养成言简意赅的说话习惯

成长中的女孩们，可能你也发现，在你周围，有一些说话有说服力的人，他们通常在说话方式上都有一个特点，他们无论与谁说话都言简意赅，辞藻绝不拖沓冗长。这是因为他们深知，人们对于简洁有力的话语有更深刻的理解。少即是多，短即是美。美国林肯总统的葛底斯堡演说一共是226个词。事实上，在葛底斯堡的这场演说，林肯只讲了2分钟。当你真正做到简洁扼要，你的信息就会显得意味深长，简单更显得你讲的内容的珍贵。

事实上，我们不得不说，一些成长期的女孩，在语言表达上还欠缺历练和火候，尤其是在与人谈话时可能会因为心情紧张或者急于想表达自己的说话意图而忽视了自己的表达方式。但越是慌慌张张地表达自己的意图，语言组织得就越是错误百出，结果与对方沟通起来就越吃力。因此，说话重复啰嗦、不能言简意赅给对方的印象常常是非常糟糕的。

喋喋不休，这是一种语言素养缺失的表现。同时，如果说话喋喋不休，也会使得对方失去了提问和回馈意见的机会，这无疑会让对方感到懊恼。

最会说话的人永远是言简意赅的人，他们所说的那些话，往往简单明了、简洁有力；而那些最愚蠢的话常常是因为过于复杂——想得复杂、说得复杂，让人一头雾水，才造成理解上的误会、沟通上的困难。

语言表达的简洁，就是话语力求简练，不能啰嗦重复，不要说多余的话，它反映了量的要求；语言表达得明晰，就是要把意思表达清楚，使对方准确理解其含义，它反映了效果方面的要求。简洁明晰的语言表达，就是以最少的语言传递最多的信息。那么应该怎样将观点简洁明晰地表达出来呢？你需要注意以下几点：

1.说重点

要表达必要的信息，使用相应的简练词句，没有多余的信息。有些人讲话看起来滔滔不绝，其实是絮絮叨叨、繁复冗长，这是一种令人生厌的恶习，应去之为快。

2.语言精练

无重复，即不说重复啰嗦的话。语言表达应言简意赅、举例精要、措辞精练、思路清晰、不说套话、空话与口头禅。

3.正确使用词语

要正确使用词语，表达明确。忌用那些令人费解的词语，防止误解，避免歧义。说话不要吞吞吐吐，说一些似是而非的话，要一是一、二是二，把要表达的意思说清楚。

简洁明晰的表达观点可以使对方获得你话语中表达的准确信息，你在与他人沟通时要记住以下几个要点：

（1）简短的言语更有力。

（2）抓住所要表达观点的核心。

（3）言语表达有条理，分清层次。

（4）正确使用词汇，表达明确。

总之，女孩们，言简意赅往往比喋喋不休更有说服力，也更有影响力。简洁明晰地表达出自己的观点让你更有气场。因此，我们与人沟通，应尽可能地用最清晰、简明的语言使对方获得想要知道的相关信息。

第 4 章

认真专注
——聪明女孩关注细节不马虎

生活中，人们常说："细节决定成败。"的确，认真是任何人要做好一件事情的前提，如果对什么事情都敷衍了事，草草出兵，草草收兵，必然做不好。任何一个成长期的女孩，也都应该做到做事谨慎、细腻。然而，是否重视细节是一种习惯，要形成这种习惯，不能光说不练，要靠平日里的习惯培养，久而久之，你就有了认真专注的能力，把重视细节当成一种习惯。

认真细腻的女孩最美丽

这里有点灰尘，我得擦擦。

我们都知道，相对于男孩的粗线条而言，女性荷尔蒙决定了女孩细心、安静、敏感、温柔等天性，当男孩们还在为写不好字而着急时，女孩已经初显心灵手巧的潜能了。然而，女孩认真细腻的性格必须在成长期就加以培养，才能把这种细心转化为一种习惯，形成一种自制力，女孩就可以克服马虎的坏习惯。要知道，细心的女孩无论在什么时候都能专心致志，这是一个人成功的重要素质之一，这样，女孩在长大成人之后，才能更有品位地生活。

事实上，很多女孩都有粗心大意的毛病，粗心的形成受众多因素影响。其中有气质因素，有些女孩对感觉刺激的敏感性较差，而注意力又容易受干扰；也有知觉习惯的因素，对知觉对象的反映不完整、分辨不精细；还有兴趣的因素，对感兴趣的事情比较仔细，对不感兴趣的事情马马虎虎等。而最重要的是，一些女孩在成长的过程中，无论是学习还是生活，都让父母为自己大包大揽，而到了高年级后，当父母必须放手时，她们才发现自己根本适应不了。长此以往，女孩的学习能力就会低下，离了大人就不会学习。最令人伤脑筋的是粗心会变成一种行为方式，演变成凡事都冒冒失失、粗枝大叶，成为真正的"马大哈"。

生活中，人们常说："细节决定成败。"女孩也必须从小培养自己认真、细腻的做事习惯。细节是无处不在的，它虽然非常微小，但是却可以从根本上影响一个人。

生活中，那些粗心的女孩往往是动手快于动脑，事先缺乏仔细的观察和全面的思考。粗心的毛病容易给人带来麻烦，不但会影响你的学习成绩、升学考试，还有可能给人们的生活带来不幸，给社会带来灾难。"小马虎"从表面上看似乎不是什么大毛病，但若不及时纠正，却可能造成严重后果。因此，你必须及早纠正自己马虎的坏习惯。

那么，具体来说，女孩们，你该如何培养自己认真细腻的做事习惯呢？

1.从培养好的生活习惯做起

你应该自己整理自己的衣橱、抽屉和房间，培养自己仔细、有条理的习惯；自己安排自己的课余时间和复习进度表，培养自己做事有计划、有顺序的习惯。日积月累，你的马虎粗心就会渐渐减少。

2.别把考试不当一回事

考试毕竟是检验学习状况的一种手段，你要重视起来。一个对考试都不认真的学生，还能对什么认真呢？

3.不要同时做两件或两件以上的事

我们发现，生活中，很多女孩，无论是不是在学习，都把电视开着，或者边玩游戏边学习。试想，这样怎么能聚精会神呢？久而久之，你便养成了一心二用的坏习惯。

为此，你必须克服这一缺点，做习题时就专心做习题，玩游戏时就痛快玩游戏，经过一段时间，你会发现，自己无论做什么事都专注多了，而最重要的是，效率也提高了很多。

总之，认真是任何人要做好一件事情的前提，然而认真、严谨是一种习惯，要靠平日里的行为逐渐培养，久而久之，你也就有了自我控制的能力！

学习最要不得的就是三心二意

事实上，学习最要不得的就是三心二意。戴尔·卡耐基曾经根据很多年轻人失败的经验得出一个结论："一些年轻人失败的根本原因，就是精力分散，做不到专注。"这句话告诉我们，学习需要专注，不腻烦，不焦躁，一门心思学习才能取得好的效果。

女孩们，如果你想改变自己做事不仔细、学习不认真的习惯，那么，你可以尝试以下几种调节方法：

1.摒弃"我对学习不感兴趣"的既成观念

我们经常听到一些女孩说"哎呀，我对唱歌、旅游、玩等好多事情都感兴趣，可是就是对学习不感兴趣，我也想学习成绩好，怎样能让我对学习感兴趣呢？"其实，有时候，这是一种既成观念，人们普遍认为学习

是枯燥的，正是这种先入为主的想法，让他们开始排斥学习。

积极地参与、从心理上亲近、心怀好奇之心是让我们接触学习内容的最好方法。对于现下学习的内容，你不妨问自己：我对哪门课兴趣最大，对哪门课兴趣最小。仔细想想为什么会这样。接下来，你要做的是，不只学习那些你感兴趣的内容，那些不感兴趣的内容，你也要尝试，那么，你会发现，其实，所有的知识都是融会贯通的，对知识的系统性把握，会让你对所有知识产生了解的欲望。

2.端正自己的态度

很多女孩说自己一直静不下心来学习，其实，这是因为你没有用正确的态度对待学习。其实，认真是和学习效果成正比的，如果你能努力、认真地学习，那么，你就会取得好成绩，从而获得一种成就感，反过来，成就感会刺激你继续认真、努力地学习。这就是兴趣，而兴趣又会促使你更加认真地去学习，从而取得更好的成绩。形成良性循环，互相促进，学习的兴趣会越来越浓，甚至到入迷的地步。

3.寻找积极的情绪体验

你无法做到专注、仔细地学习，很多时候是因为你没有看到学习给你带来的快乐的情绪体验。事实上，课本并不是枯燥的，很多时候，你能从课本中获得某种对成长有益的因素。获得这种积极的情绪体验，你就会主

动抛却那些消极的、应付的学习态度了。

4.科学安排学习时间

避免过度疲劳是做到认真学习的方法之一。因此，学习过程中，你最好要劳逸结合。该休息时休息，该学习时学习，而且学习时间安排要科学。不能长时间学习一种科目。

另外，每天在固定的时间学习也是一个良好的学习方法，习惯在特定时间激发的兴奋性和学习密切相关。

5.勤于计划，总结，知己知彼

对于当下的学习状况，你应该有个清晰的了解，知道自己取得了哪些成就，知道自己在哪些方面还有欠缺。这些都是促进学习的动力。

注重细节，做好每件事

曾经有一个故事：

一天，某家公司来了一些应聘者，其中包括一名理工科女孩和几个男孩，在面试时，主考官并没用按照正常程序问一些问题，而是让这些年轻人在公司内走一走，然后让他们发表下自己的看法。

走了一圈后，这些男孩都大谈自己对公司未来的规划的看法、自己的抱负等，不过，让他们意想不到的是，这家公司最后居然录用了这名身材弱小的女生，其实原因很简单，因为她在参观洗手间时将一只正在滴水的龙头牢牢关好了。

这就是重视细节带来的良好效应。的确，在我们的人生中，很多细节都会像我们遇到过的路人一样被我们遗忘。但总有一些细节，会深深地打动我们，甚至在我们的记忆中打上深深的烙印，成为我们留给别人的难以抹去的印象。细节虽小，但它的力量是难以估量的。这就是细节效应，因为细节更能看出一个人的性格、品性、态度等各个方面。

第4章
认真专注——聪明女孩关注细节不马虎

对于每个青少年阶段的女孩来说，无论是在学习还是做事的过程中，也要注重细节。以学习为例。学习从来就不是一件一蹴而就的事，学习是点滴的积累，你每多读一本书，在不经意间，就增长了你的阅历、经验。量积累到一定程度必然将引起质变。很多成功者正是在不断地学习中厚积薄发的。

那么，女孩们，在日常的学习和生活中，该怎样注重细节呢？

1.学习需要专注

我们发现，那些攀岩成功的人都有个共同特征，那就是他们不会三心二意，也不会向下看，他们会一直努力地攀登，这样，尽管脚下是万丈悬崖，他们也不会害怕。同样，处于青春期阶段的男孩们，你们也应该从中有所启示。无论是学习还是其他事情，都不要把注意力过分放在整件事情上，而应该先拟定一个切实可行的计划，并努力做好第一步，而后再努力做好第二步，第三步……如此各个击破，最终达到自己的目标。

2.善于总结

无论学习的效果怎样，只有做到及时总结，才会及时反省，尤其是对于错误和失败。要知道，失败是成功之母，因为只要能从失败中学得经验，便永不会重蹈覆辙。失败不会令你一蹶不振，这就像摔断腿一样，它总是会愈合的。大剧作家兼哲学家萧

伯纳曾经写道:"成功是经过许多次的大错之后得到的。"

3.要有追求完美的心态

"没有最好,只有更好",十全十美的事做不到,也不存在,但你首先应该有一个追求完美的心态。"取法其上,得其中也;取法其中,得其下也;取法其下,不足道也。"只有与时俱进,以高标准的要求和精益求精的态度,聚精会神抠细节,才能实现突破。

运用多种感官学习，用心感知每一处细节

第一组	第二组
1.78分	1.91分
2.79分	2.92分
3.89分	3.89分
4.86分	4.94分
5.83分	5.98分

美国心理学家格斯塔曾做过一个实验：

他找来10个实验参与者，他们在智商上相近，这10个人被分成两组，分别被送到两个房间。两个房间里都有5本《圣经》，不过格斯塔在第二个房间内另外多放了几本宗教故事画集，并播放宗教音乐。一段时间后，这十名参与者被要求背诵《圣经》。结果发现第二组成绩远优于第一组。

为什么会产生这样不同的结果呢？

心理学给出了一个解释——这是由"感官协同效应"造成的。科学家发现，一个人在面对一件事物时，单独依靠听觉或视觉获得知识分别是15%和25%，但若能把这二者结合起来，则能接收到65%的知识，达到1+1＞2的效果。

因此，处于学习阶段的女孩们，如果你想提高学习和做事的效率，那么，你不妨尝试调动所有感官，感知每一处细节。这是因为你在收集信息的时候，参与的感官越多，信息就越丰富，所学的知识也就越扎实。

宋代的大学者朱熹曾发明了一种"三到"读书法，即心到、眼到、口到。这个方法被很多后人推崇，其实，现代社会，这一方法仍然有效。青春期的女孩们，这一方法不仅可以运用到学习中，还可以用于做其他任何事。如果你想做事、学习都取得事半功倍的学习效果，你就要学会尽量多使用几种感官——用眼、用口又用手。以学习为例，你可以这样运用以下几种感官：

1.耳到

耳到——即耳听。这需要你不但学会听老师的讲授，还要学会听同学们之间关于学习问题的讨论，听也是接收知识的第一方法。

2.眼到

眼到——即眼看。你需要看的有教材、老师的板书、参考资料等。

3.口到

口到——即口说。学会复述老师上课的内容是考察你是否真的将知识融为己有的一个重要方面。

4.手到

手到——即手写。好记性不如烂笔头,上课时候,将老师板书的重点记下来,有助于课后复习。

得把重点记下来。

5.心到

心到——对课上接触的新知识积极思考。这需要你发挥自己的主观能动性,而不是将学习当成一件苦差事和任务。

老师,我觉得这道题还可以从另个角度思考。

事实上,只有做到耳到、眼到、口到、手到、心到,多种感觉器官并用,才能将身体的各个部位一起参与学习,这样,大脑处理信息的能力和速度也会加强。另外,"五到法"可适用于各学科。总之,父母要让孩子明白,学习时耳朵、眼睛、嘴巴、手、心配合起来,就能产生很好的学习效果。

第 5 章

珍惜时间
——优秀的女孩都勤奋惜时

日常生活中,一提到学习,很多女孩说,"我已经很努力了,但是时间总是不够用",这些女孩喜欢挑灯夜战、用大块时间学习,但学习效率却不高,而这都是不善运用时间的结果。我们不得不说,事实上,时间不够是因为大把时间在不知不觉间浪费了,比如,与陌生人聊天、浏览网页、看电视等,而如果我们能将这些时间充分利用起来,并制订出适合你的学习计划,相信你会比别人获得更出色的学习效率。

时间就是生命，别忽视小小的一分钟

现代社会，无论是个人，还是企业，"效率就是金钱"绝对不是一句空话。可以说，追求成功，必须追求效率。同样，自古至今，要想成功，就必须惜时。因为时间是生命的构成部分，我们任何一个人都没有太多的时间挥霍。数学家华罗庚说过："成功的人无一不是利用时间的能手！"实际上，任何人，只要我们能充分利用好时间，不浪费每一分钟，那么，你必当会成才。有些人只是利用好了几年，有些人只重视年轻时代，而成功者在尽量利用好每一天，甚至能利用好每一分钟乃至每一秒钟。他们很少有浪费时间的行为，他们的成功实质上就是时间利用上的成功。

生活中的女孩们，可能你认为自己还处于青少年阶段、人生刚刚开始，但你同样要利用好每一分钟的时间，不要等到逐渐老去的时候，才慨叹浪费了生命。每一个成功的现代人无不在向你展示这个道理。

大发明家爱迪生在学习上并不出色，事实上，令人意想不到的是，他在校的时间不过三个月，他之所以后来在科学发明上取得如此成绩，有两个原因，第一归功于母亲的教导，第二就是因为他珍惜时间。

小时候的爱迪生就是个对事物充满好奇的孩子，只要他不懂的事情，他一定要亲自试验找到答案。

成年后的爱迪生，追随自己的兴趣开始做发明创造，在美国的新泽西州，他建立了一个自己的实验室，先后发明了电灯、电报机、留声机、电影机、磁力析矿机、压碎机等总计两千余种东西。

爱迪生的研究精神，使他对改进人类的生活方式，作出了重大的贡献。爱迪生在研究期间，经常对自己的助手说："浪费，最大的浪费莫过于浪费时间了。"因此，他常常告诫自己："人生太短暂了，要多想办法，用极少的时间办更多的事情。"

一天，爱迪生交给助手一个任务——测量一下灯泡的容量，交代完以后，他就去忙工作了。过了会儿，他过来找助手问测量结果，但是他没想到，这么久时间，助手竟然还在慌忙地测量灯泡的各个数值——周长、斜度等。

看到这里，爱迪生着急地说："时间，时间，怎么费那么多的时间呢？"于是，他走过去，接过助手上的灯泡，然后在里面灌满了水，再交给助手，说："里面的水倒在量杯里，马上告诉我它的容量。"助手立刻读出了数字。

爱迪生说："这是最简单的方法了，既准确又节约时间，你怎么想不到呢？还去算，那岂不是白白地浪费时间吗？"助手的脸红了。

爱迪生喃喃地说："人生短暂，务必节省时间，多做事情啊！"

历数古今中外一切有大建树者，无一不惜时如金。那么，从现在起，女孩们，你就要懂得时间的宝贵，从现在开始好好珍惜青春的大好年华，努力学习。比如，你可以做到：

1.制订合理的学习计划

只有合理的学习计划才能让你避免眉毛胡子一把抓，避免浪费时间。而没有学习计划，学习便失去了主动性，容易造成东抓一把西抓一把，以致生活松散，学习没有规律，抓不住学习的重点，因而总是被其他同学远远地甩在后面。

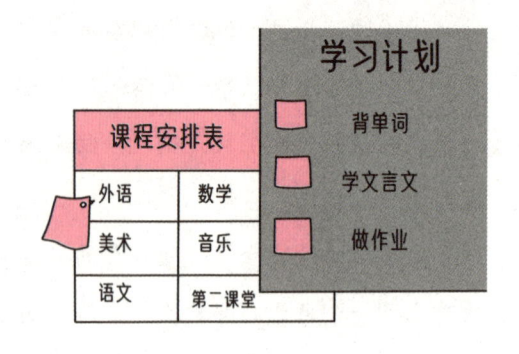

2.投入最多的时间发挥自己的特长

发挥特长有助于个人发展，因此，应投入较多的时间发挥特长。投入特长的时间越多，对个人的发展越有利，一生的时间利用率也就越高。

3.充分利用闲暇时间充实自己

培养一个热爱的兴趣爱好；多读一些书提高素养；听一听音乐会修身养性……

4.学会在生活中优先处理重要的事情

所做的事情越有意义,时间的利用率就越高,反之,时间的利用率就越低。如果把大部分时间用在琐碎的事情上,那是非常不应该的。

到时间了,该学英语了。

别浪费一分一秒，利用零散时间学习

人的差异产生在业余时间。

人们常说，时间是公平的，我们每个人的一天只有二十四个小时，所以应该珍惜时间去充实自己，爱因斯坦说："人的差异产生在业余时间。"从这位大科学家的话就可以看出他是多么重视、珍惜时间，同时也是运用时间的能手。

现在，很多女孩到了十几岁以后，学习负担加重，学习时间有限，自己能支配的时间并不多，赢得时间就显得十分重要了，所以，我们要充分利用一切可以利用的时间来学习。

其实，我们的生活有很多零散的时间，这些时间加一起的数字我们不容忽视，比如等车的时间、临睡前的时间、提前到校的时间等，这一段段的零散时间，看起来短暂，但积累起来却不少。每个人一天的时间都一样，但是善于利用零碎时间的人，就能得到更多的益处。

对于正处在学习阶段的女孩来说，大块时间的学习其实更容易导致疲劳，使学习效率受到很大影响；而零碎时间的学习能保持大脑的兴奋状态，效果极佳。而且，利用零碎时间学习一些必须熟记的生词、公式、规则等，有利于反复记忆，加深印象。利用零碎时间的技巧很多。比如，你可以准备一个随身携带的小本子，记上要背的单词和知识点，有空就读一遍；在起床、洗脸、刷牙、就餐等活动场所的墙上，钉上一个和视线等高的小夹子，夹上一张卡片，卡片上写上当天要背的单词、公式等；还可运用录音机，把要背的知识内容录下来，吃饭、洗脚的时候都可以听。总之，利用零碎时间反复记忆，不仅会明显提高我们的学习效率，还能培养分秒必争的好习惯。

女孩的大部分时间都是在老师掌控之下，很难有自主时间。若不善于利用零碎时间去处理学习问题，很难做到轻松学习。究竟从哪些方面挖掘零散时间，怎样利用这些时间巧妙学习，我们有如下建议。

1.善于利用课堂时间的"零布头"

课堂上有些时间是可以自己掌控的，比如，老师进出教室前后的时间，上课铃响的那段时间内，教室里多半比较嘈杂，此时，你应该让自己静下心来，对课堂内容进行预习。

而在老师板书的时间段里，你不应该和同桌以及前后座交头接耳，而应该赶紧回想一下刚学过的内容，并对这些知识着重思考或强化记忆，也能加深理解。如果你总能把握课堂上的零碎时间做复习巩固，也许在课堂上就解决了课下复习问题。实际上一节课要掌握的东西没多少，只要把控好时间就能轻松搞定。

2.善于利用等待的时间

可能我们每天都会有一些时间是处在等待中的，比如，等车、排队等。等待时间长让人觉得很无聊，如果你拿出平常准备的问题本，进行回忆和思考，或者拿出课本去记一些单词，那么，经常这样，就会使学过的知识变为牢固的记忆。

3.善于利用走路的时间

很多女孩都是骑自行车或徒步上学，如果打算在上学途中记忆或思索一两个简单问题，也能轻松完成，关键是要有问题意识和善于思考的习惯。有时和同学们结伴而行，这时如果同学们相互争论一些学习问题，或相互提问一些要背诵的问题，记忆会更快捷，更牢固。当然，一定要先注意交通安全。

老师昨天讲了方程……

4.善于利用睡觉前的时间

你可能也发现，当你躺上床之后，进入睡眠状态还需要一段时间，此时，你可以将白天学习过的知识在大脑中过一遍，起到回忆和思考的作用，记不起来的地方，要么马上翻看书本或笔记，要么记

着第二天早上翻看。养成这一习惯，不仅能够及时复习，还能达到学而三思的效果。

5.善于利用和老师同学交流的时间

一些女孩习惯跟同学交流一些是非话题，甚至在课上都有说不完的话。还有一些女孩，一见到老师就躲。其实，老师和同学都是我们应该交流的，他们能帮助我们在学习上有所提高。有的问题能够自己解决，达到学贵有疑，大疑则大进，小疑则小进，不疑则不进。有的问题百思不得其解，可以多准备一些这样的疑问，与同学进行交流或者请教老师，这样才能有进步。

总之，学习是一件需要我们认真对待的事，女孩们，只有珍视一点一滴的时间，才能及早完成任务，才能腾出时间做自己想做的事。

充分利用早晨的时间高效学习

生活中，我们每个人每天的生活，都是从清晨开始的，正如人们常说的"一日之计在于晨"，这就是告诉我们早晨时间对于我们一天活动的重要性。的确，一个人在早上的状态如何，对一整天的工作效率有很大的影响。同样，成长期的女孩们，无论是谁，要想提升自己的学习效率、做到提升自我的话，就不可忽视早晨的时间。没错，早上是最适合学习的时间段，但是有不少女孩都有睡懒觉的习惯，即使闹钟响了，却还赖在床上，早晨对她们而言实在是头痛的时间。

每一个青少年阶段的女孩，要让你的一天更充实，就要从早起开始。

日本著名的作曲家小泽征尔在音乐上获得的巨大成就，最重要的原因就是勤奋。

武满也是日本著名作曲家，他曾在小泽寓所住过一段时间，他目睹了大师的勤奋，他说："每天清晨四点钟，小泽屋里就亮起了灯，他开始读总谱。真没想到，他是如此用功。"

其实，青年时期的小泽征尔就养成了每天四点起床的习惯，且一直坚持着，即使后来成名后，亦是如此。"我是世界上起床最早的人之一，当太阳升起的时候，我常常已经读了至少两个小时的总谱或书。"小泽这样说。

事实上，除了小泽征尔以外，大多数的成功者，都是我们珍惜时间的榜样。生活中的女孩们也在努力寻找让学习效率翻倍的方法，方法有很多，但究其根本，你都不能忽视早晨这一重要时间。因为在早晨，我们的身体在经过了一夜的休息后充满了能量，正是高效学习的时候。

那么，我们该如何利用早晨的时间高效学习呢？

1.把早起变成一种生活习惯

正像小泽征尔所说的，他每天四点钟就起床。事实上，越是忙碌的人，越应该巧妙利用早上这段有限的时间。

对于学习阶段的女孩来说，四点钟起床并不现实，六点钟起床是个相对合适的时间。但是有一些女孩总是起床磨磨蹭蹭，七点才起床，然后匆匆忙忙上学，不是忘记带书，就是不吃早饭，这样怎么能好好学习呢？

另外，一些女孩说，每天学习到深夜，早上根本起不来，但其实，通宵学习并不是明智之举，可能你没发现的是，那些成绩好的人，他们都不会打疲劳战。

2.起床前花几分钟时间规划好一天的工作和学习

早晨的时间，你可以做个简单的时间段划分，一个是从醒来到起床，另一个是从起床到出门为止。这样划分是为了在每一个时段内，安排不同的使用内容。

其实，当你的闹钟响了，不必像听到"必须要起床"的哨子声一样，醒来后不用立刻起床，你可以躺在床上，将一天的学习计划先做好安排，或者思考一些疑难问题的处理方法。等到将所想的事情都整理妥善之后，再起床。

换句话说，一天内要做的事情在床上已经都做好了安排。

这个方法有以下几个优点：

第一，清晨卧室里阳光洒进来、宁静安详，你可以安静地思考问题。

第二，人在休息了一整夜之后，思绪会得到优化，你很容易就想出好点子。学习安排上如果发生什么行不通的地方，利用早上这段时间，很容易找到解决的对策。

但是，如果你习惯性赖床，那么，当你还没想出对策前，又进入梦乡了，如果你是这类人，最好立刻起床。

3.一定要吃早饭

不少青少年阶段的女孩因为喜欢赖床，出门前时间不够，往往只好牺牲早餐。其实，饿着肚子学习，效率更低下，所以无论如何，别亏待你的胃。

不得不说，早晨真的非常重要。那么，为什么大家都不充分利用早晨的时间呢？每天有二十四小时。无论是能干的人，还是不能干的人，一天二十四小时的事实都不会改变。而如何使用这二十四小时，决定了你的工作效率。从现在起，不妨养成早起和充分利用早晨时间的习惯吧，相信你会从中获益不少！

第 5 章
珍惜时间——优秀的女孩都勤奋惜时

长假时间，是一次绝佳的学习机会

对于身为学生的女孩来说，一年之中最开心的就是放长假了，可是高兴之余，女孩们又会产生新的疑问，接下来这个假期到底该怎么安排呢？痛痛快快地玩还是努力学习呢？比如，你可能曾经感到好奇，班上某些同学，原本成绩并不理想，可是寒暑假一过、新学期刚开学的考试中，他们就取得了惊人的成绩，这是为什么呢？其实，这是因为他们充分利用寒暑假的时间查缺补漏和有效复习。可见，女孩们千万别忽视长假这一绝佳的学习机会。

对此，我们先来听听下面这位文科状元是怎么做的：

"刚上高中时，我的学习成绩并不是很好，只在年级的中游水平。后来我能够成功地考入北京大学，一个很重要的原因就是我笨鸟先飞，平时寒暑假、节日放假的时间我都能合理地安排。

"我会在寒假时先预习一下下一学期的课本，特别是英语课，这就需要提前去借课本，也可以去买课本和相应的课本同步资料。然后自己给自己制订好假期计划，每天看多少、做多少，双休日则逛街、打羽毛球、逛书城，有时还和朋友去游览周围风景名胜。这样学习兴趣更浓厚，因为在玩中印证书本知识的兴奋劲使我回味。这样一个假期下来，自己对这学期要上的课已经基本熟悉了。课堂上，一方面把已经掌握的知识复习了一次，另一方面不懂的又可以在课堂老师讲课时解决，这就是我笨鸟先飞的招数了。我在高二上学期结束时，已预习完高中阶段的英语课文，对语文基础知识手册的内容也完全掌握，为高三语文系统全面复习减少了阻力。真感谢自己当初的坚持不懈，我为当时的我感到骄傲自豪！"

这名女孩为什么能在假期后成绩提高很多？因为她充分利用了假期时间学习，当然，她并不是建议我们在寒暑假争分夺秒地学习，相反，她建议我们劳逸结合，多参加一些娱乐活动。也就是说，合理的寒暑假计划，是要将学习与娱乐都考虑进去的。

那么，我们如何科学、有效地利用长假安排学习和生活呢？建议采取以下学习与生活策略。

1.制订学习计划

相对于周末这样的假期来说，长假的时间比较长，比如寒暑假，我们只有先制订一个适合自己的学习计划，才能将自己的学习状态调到最佳，从而高效地完成自己的学习。

比如，以学生为例，在一天的时间内，你最好要保证自己的学习时间保持在7~8小时；学习时间最好固定在8：30—11：30，14：30—17：30，19：30—21：30。

另外，你需要把休息的时间考虑进去，既不要睡懒觉，也不要开夜车；制订自己的学习计划，主要是以保证每科的学习时间为主。例如，你数学定的是2小时，但2小时过后任务还没有完成，建议你赶快根据计划更换到其他的复习科目。千万不要出现计划总是赶不上变化的局面。

晚上学习的最后一个小时建议灵活安排，目的是把白天没有解决的问题或没有完成的任务再找补一下。

每天至少进行三科的复习，文理分开，擅长/喜欢和厌恶的科目交叉进行。不要前赶或后补作业。记住，完成作业不是目的，根据作业查缺补漏，或翻书再复习一下薄弱环节才是根本。

2.执行你的学习计划

再完美的学习计划，如果你不执行，都会成为空谈，因此，在制订学习计划后，就是考验你的自控力的时候了。

3.假期别一味地学习，劳逸结合

在抓住长假时间学习的同时，也不要忘记，既然是长假，就应该适度休息，调整好自己的身心状态，唯有如此，才能以最佳状态面临假期后的学习。

总之，女孩要科学地计划寒暑假的学习，就一定要考虑到自己的身、心、智的需要，从而让自己过一个有意义、充实的假期。

第 6 章

制订目标
——确定目标，努力才有方向

我们都知道，任何一个人，都必须要有自己的人生目标，否则就像一只无头苍蝇，找不到人生的方向。对于学习阶段的女孩来说，同样需要目标，不仅需要长远的目标，更要制订学习目标，学习如果没有目标，就如航海时没有灯塔，很容易迷失方向，而及早地明确自己应该学会什么，并确信这些内容值得一学，你就会自觉地、努力地学习。

不再迷茫，女孩要敢于设想自己的未来

> 想象力比知识更重要，是知识进化的源泉。

　　物竞天择，适者生存，当今社会更是一个处处充满竞争的社会，一个人要想从竞争者中脱颖而出，就必须要做到有计划、有目标，不打无准备之战。相反，那些失败者之所以迟迟不准备，是因为他们不知道自己从哪里着手，一个人看不到前方的路，看不到希望，又怎么有信心、有决心成功呢？

　　对于处于青少年阶段的女孩，你也要敢于设想自己的未来，爱因斯坦说："想象力比知识更重要，是知识进化的源泉。"如果你想成为什么样的人，那么，你就要敢于为自己编织梦想，只有树立明确的人生目标，你现下的学习和生活才更有动力。

　　一个人的内心中如果有一个信念，并坚持不懈地为之努力，那么，他一定会是一位成功的人。人生就有许多这样的奇迹，看似比登天还难的事，有时轻而易举就可以做到，其中的差别就在于非凡的信念。一百次的心动如果没有一次行动，就是一百次的失望，一百次的心动不如一次行动，然而，失望的情绪存在于很多人身上。

　　可能有些女孩会认为，女孩子一生最大的任务不就是相夫教子吗？事实

上，把所有精力放在家庭上的女性已经被社会淘汰了。多半女人也早已和男性一样拼杀在职场，拥有骄人的事业。因此，从现在起，女孩们，你必须要放弃这一错误的观念，并努力找到自己人生的目标。比如，如果你想在政治领域有一番作为，你就要从现在起学会写作、协调、研究人脉；而如果你想成为专家学者，你就要看看自己适合研究哪一专业，并立刻潜心学习，立刻开始阅读……

具体说来，在制订人生目标时，你需要做到：

1.制订完善的计划和标准

要想把事情做到最好，你心中必须有一个很高的标准，不能是一般的标准。在决定事情之前，要进行周密的调查论证，广泛征求意见，尽量把可能发生的情况考虑进去，以尽可能避免出现1%的漏洞，直至达到预期效果。

2.目标要适宜

你的自我期望要建立在符合自己的实际情况、切实可行的基础之上。作为新时代女性，你应该有理想，有志向，但这种理想和志向不能是高不可攀的，也不应当是唾手可得的，而应该是通过一定的努力，可以实现的适宜的目标，应该符合个人的个性特点和实际能力水平。

3.着眼于当下

你的目标不能太空，为此，制订计划时不要超过你的实际能力范围，而且内容一定要详尽。比方说，如果你想学习英语，那么你不妨制订一个学习计划，安排星期一、星期三和星期五下午5：30开始听20分钟的英语录音磁带，星期二和星期四学习语法。这样一来，你每个星期都能更实在地接近、实现你的目标。

4.做事要有条理有秩序，不可急躁

急躁是很多人的通病，但任何一件事，从计划到实现的阶段，总有一段所谓时机的存在，也就是需要一些时间让它自然成熟。假如过于急躁而不甘等待的话，经常会遭到破坏性的阻碍。因此，无论如何，我们都要有耐心，压抑那股焦急不安的情绪，才不愧是真正的智者。

5.立即行动，勤奋才能产生行动

我们都知道勤奋和效率的关系。在相同条件下，当一个人勤奋努力工作时，他所产生的效率肯定会大于他懒散工作状态下的效率。高效率的工作者都懂得这个道理，所以，他们能够实现别人几辈子才能够达到的目标。

第6章
制订目标——确定目标，努力才有方向

一份时间规划表，让你的学习更有规划

每个处于学习阶段的女孩已经认识到效率在学习中的重要性，但却很少有女孩能真正充分利用时间、提高做事效率。这是因为她们缺乏计划性，让学习充满计划性其中很重要的一点就是制订时间规划表。

也许你认为制订时间规划表是一件费时费精力的事，然而，你不妨再想想，如果不做计划，那么，接下来，你将很难抽出时间做自己想做的事，而且你也不可能分辨出在那些待办事项中哪些事是重要的部分，更别说最重要的部分，因此，虽然你认为自己总是没有时间来进行规划，但提前规划却总是能够帮助你挤出更多时间。没错，确实如此，正是因为没有时间进行规划，你才应该抽出时间进行规划。

这里说的规划，具体到你的学习和生活中，其实就是要制订时间表，这要因你自己而定，每个人的条件不一样，自己制订的应该更好执行。我们不妨先来看看一名学生的时间表的制订过程。

马上要高考了，我觉得有必要制订一个计划。

那么，这个学习计划怎么去安排呢？包括哪些内容呢？在制订规划表之前，我认为先应该给自己做一个中肯的评价、评估，应该做一个自我测评。比如现在2月了，你的复习到了一个什么程度。

制订复习的计划，首先在时间上要有大的安排，比如你在一天当中，上午是复习语文、英语，下午是复习数学和物理、化学。每科不是花均衡的时间，如果物理、化学比较弱的话，可能花30%~40%的时间来攻它。如果数学比较强，可能只花10%的时间。一般来说，这个时候自己的弱项一定要多花一点时间。

对学科中的弱项也是一样，比如每天有两小时复习语文，在进一步分配时间时，如果你的文言文比较弱，就要多分配一点时间。

接下来，我们要培养出自己的考试节奏，逐渐固定做各类题型所需的时间，在考场上每个人的答卷速度都不一样，不要轻易被他人影响。

当然，我们还需要留出时间来休息和放松心情，本来这就是身心压力巨大的一段时间，如果把精神压垮了，考试很可能发挥失常。

不难看出，这是一名高三学生备考的时间计划安排。那么，在日常的生活和工作中，具体的时间表该怎么制订呢？女孩们，不妨根据时间的长短来进行划分：

1.长期的活动安排表

这可以是一年的，也可以是一个月的，因为时间较长，为了避免忘记，你可以把这份主要活动时间表抄在一张大一点的卡片上，贴在桌子上或夹在笔记本里，这样你的脑子就不会乱成一团糟了。更重要的是，你还可以设想表中的空格就

是你可以用来做其他必须做的事情的时段。

2.详细的一周时间表

如果有一份一周时间表作指导，有些人会工作得更好。一周时间表是一张扩大的总时间表。假如你的时间紧，但可以预先估计的话，你会需要一份详细的一周时间表。这种时间表只要在每月开始时安排一次就行了。

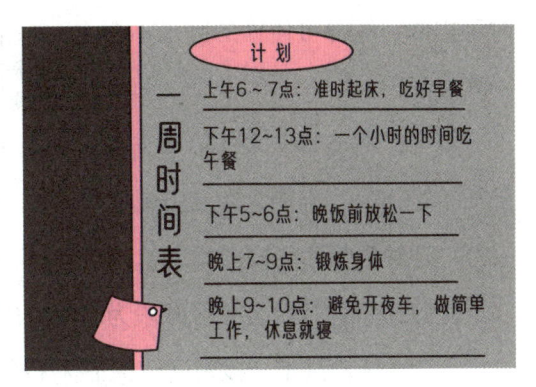

一周时间表

计划
上午6~7点：准时起床，吃好早餐
下午12~13点：一个小时的时间吃午餐
下午5~6点：晚饭前放松一下
晚上7~9点：锻炼身体
晚上9~10点：避免开夜车，做简单工作，休息就寝

你可以参考以下内容制订符合自己实际情况的一周时间表：

星期一至星期六：

上午6~7点：准时起床，可以避免狂奔乱冲和狼吞虎咽的早餐。

下午12~13点：用充足的一小时来从容地吃午饭。

下午5~6点：晚饭前放松一下。你已经认真地工作、学习了一天，这是应得的报偿。

晚上7~9点：身体是革命的本钱，不要忽视运动对身体的益处。

晚上9~10点：避免开夜车，做一些简单的阅读工作，然后就寝。

周日时间自由安排。

3.日时间表

你可能会需要一张能随身携带的每日时间表，一张学生证大小的卡片正合适，你可以将它放在衣服口袋或书包里，这样，你需要的时候就能随时查看。

每晚睡觉前，你看一下总时间表，了解一下第二天要去做哪些事，哪些事要先做完，哪些事并不着急，并且有多少空闲时间，然后在一张卡片上写上第二天的计划：要办的事，体育锻炼，娱乐及你想参加的其他活动，给每一项活动规定时间。这样花费五分钟是非常重要的。这是因为：

第一，你把安排记在卡片上随时可查阅，这样可使你的脑子不会一片混乱；

第二，你能将未来的一天先在脑子里过一遍，好像这样就开动了一个心理钟，使你能按照预定的时间行动。

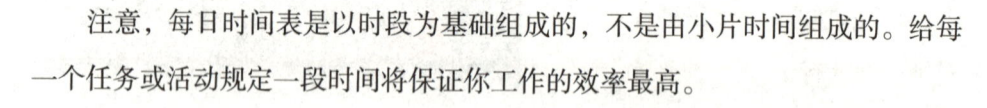

注意，每日时间表是以时段为基础组成的，不是由小片时间组成的。给每一个任务或活动规定一段时间将保证你工作的效率最高。

合理安排，学习中不可一心几用

不好意思啊，我现在在学习呢。

可以麻烦你帮我看一下这个资料吗？

生活中，我们常常听到身边的人说："做人，别指望所有人都会喜欢你。"其实，这句话也可以运用到成长期女孩的时间管理中，也就是说，要真正充分利用时间学习，你就不要试图在同一时间内把所有功课都学好。

以一天时间为例，早晨，我们可能为这一天做了一份完美无瑕的计划表，时间被安排得满满当当，所有学科也都被安排进去，但实际上，这可能只是一份计划表，它再漂亮也只是一个摆设，因为我们不是机器，不可能高负荷一直不停地运转，我们更不可能在一天内挤出25个小时来学习。

一天内，我们除了学习外，还需要休息，还需要娱乐，我们要做的事情实在是太多了。单以学习为例，我们也有看不完的书，做不完的试卷、习题、记不完的单词。这堂自习课，我们要做一份数学试卷，就不可能再做一份物理试卷，更不可能再记五十个单词。

也许你是个很会规划时间的人，你会为你的每一个空余时间都做好规划，但你想过没，朋友的一个紧急电话、生病要看医生或者家里来了一个亲戚，你都必须要打乱你的计划，所以，无论怎么样计划，都不可能把所有要做的事情计划完，无论怎么样计划，都不可能把一切安排得天衣无缝。当有很多事情面临选择的时候，当有些任务实在无法完成的时候，我们该怎么办？只有回答好了这个问题，我们才能真正理解如何管理时间。这个问题的答案就是：只做最重要的事情。

同样，我们的时间有限，你选择了做某件事情，就隐含了你放弃做别的事情。"做别的事情"就是你的"机会成本"。所以，我们做事情的标准，不是"某件事有没有意义"，而是"某件事是不是最有意义"。

真正懂得如何利用时间的高手，一定是懂得如何舍弃的人。被我们羡慕的那些高考状元们其实都不是神通广大的人，他们也不可能做到"一心几用"，不可能一边做数学试卷，一边背诵英语单词，他们成绩优异的一个重要的原则就是——永远做最重要的事，比如，在把一份数学试卷完成好之前，他们是不会再去学习其他科目的。

的确，很多女孩都感到学习时间不够，但这意味着我们更应该学会巧妙利用时间，而不是眉毛胡子一把抓，结果什么都抓不住。

那么，我们该如何学习呢？我们最需要掌握的一个原则是——确保自己永远在做最重要的事，在学习当下最需要学习的科目。

1.一本一本读

我们在学习的时候，面前总放着一大堆书，但你每次只能拿起一本书，认真阅读，而不是同时拿起十几本书随意浏览——这是一种最浪费时间的学习方法。只有读完一本之后，再去拿另一本来阅读。那么，该

选择哪一本先读呢？答案很简单：最重要的那本。对第二重要的那本，先不看。当你把最重要的那本看完之后，第二重要的，也就变成了最重要的了。

2.先做重要的事

确保自己一直都在做最重要的事情，实际上也就是确保了自己的时间一直都在被高效地利用。如果你今天计划做五张试卷，语文、英语、数学、物理、化学各一张。那么，请先做你觉得你最需要提高的那门科目。

3.具体问题，具体分析

当然，在具体的每门课的时间安排上，女孩们，你还需要明白的是，如果你觉得哪门课最需要你提高，那么，你就应该多花点时间查缺补漏。对于不同的学习内容，我们也应该选择不同的时间段来学习，比如，面对那些需要大量的阅读、理解、背诵的东西，就要安排时间比较长、精力比较充沛、不容易受到干扰的时间段来做。为什么呢？因为看书和背书的时候很容易走神。对于那些精力不太旺盛，比较容易受干扰的时间段，你可以用来做题。因为做题的时候需要动笔演算，可以强迫你集中注意力，即使周围环境比较吵闹，即使你精力不太好，仍然可以达到练习的效果。

放松自己，避免长时间地连续学习

前面，我们提及，女孩到了十几岁以后，主要任务就是学习，因此要争分夺秒地抓住时间学习，不能浪费一日。对于很多有升学压力的女孩来说，她们每天的生活大部分围绕着"吃饭""学习""睡觉"，甚至不参加任何身体锻炼活动和业余活动，中午吃饭只是"凑合"。她们恨不得"将每一分时间和每一点精力都拿来学习"。其实，她们往往只看重一时需求，却忽视了长远的影响；只注重学习时间的累计，却忽视了学习效率的提高。其实这样的做法并不科学，不利于压力的及时释放，非但难以促进学习，反而会使学习效果大打折扣。因而，我们可以说，在学习过程中，一定要避免长时间的连续学习，注意劳逸结合才能保持精力充沛，才能使注意力集中。

我们来看看下面这个学习小故事：

甜甜是个乖巧的孩子，一直努力学习，花的时间也比别人多，但似乎就是记忆力不大好，她一度怀疑自己是不是有健忘症，快期末考试了，她发现自己无法集中精力学习，上课不停地开小差，总想一些不相干的事，看到身边的同学都在全神贯注地学习，她更加着急，但越着急则越容易开小差。在几次测验中，她的成绩也越来越糟，原来是班里前十名，现在退到十五六名。她担心这样下去考不上大学，于是，她不得不求助于心理医生。

"你现在花在学习上的时间多吗？"

"是的，但不知道为什么，花的时间虽然多，却不见什么成效。"

"根据你以前的经验，如果整天为不能将所有精力放在学习上而着急，并一味增加学习时间，减少睡眠与休息，会有什么样的结果？"

"好像越来越糟糕。"

"那也就是说，你也认为越是着急，越是给自己加压，情况越是糟糕？"

"嗯，是的！"

"既然如此，为什么还要着急呢？"

"我好像控制不住自己。"

"好，现在假设我们换一个态度，我们自己只要尽力了，就对得起自己和父母了，成绩怎样那是老天爷的事，这样会有什么样的结果？"

"可能会放松一些。"

"嗯，既然你能这么想，那就好办多了。举一个例子，假如两个同学同是70分成绩的实力，一个极力想考80分，加班加点，终日紧张，学习效率下降，考试时发挥不出水平，最终只考60分；另一个比较接受70分的现状，该学时认真学，该玩时也放松玩，最后考试发挥出色而考出80分的好成绩，你能理解吗？"

"能……"

从甜甜遇到的情况，我们不难看出，在学习这一问题上，甜甜之所以会出现记忆力差、考试成绩不断下降的原因，是因为不断给自己加压，她要让自己把所有的精力都用在学习上，这是一种苛求自己的态度。但事实上，我们可以掌握自己努力的程度，却把握不了最终成绩。因此，对于正在学习的你来说，从学习效率的角度来考虑，女孩们在学习中一定要注意劳逸结合。该休息的时候就休息，该学习的时候就学习，休息时间能不谈学习就不谈，否则很容易造成自己紧张。

要做到劳逸结合，你就要做到：

1.主动休息

通常情况下,我们学习四十分钟,就应该主动休息十分钟,其实这是有科学依据的,人在经历了一段时间的工作和学习后,兴奋度会降低,如果再持续进行这类工作,那么这些外界的刺激就不会使大脑皮层兴奋,甚至会引起抑制。要使大脑的功能一直保持旺盛的状态,就要让大脑的兴奋区和抑制区经常轮换。因此,我们在学习四十分钟后,就应该站起来走出学习区,呼吸些新鲜空气,活动一下筋骨。

> 学习40分钟了,可以休息了。

2.多参加体育运动

身体是"学习的本钱",没有一个好的身体,再大的能耐也无法发挥。因而,我们要做到劳逸结合,不要死读书而忽视了锻炼身体。

3.保证充足睡眠

无论你现在的学习压力有多大,睡眠时间绝对不能低于7小时,这是我们的睡眠底线,不能突破。

可以说,当人们累了的时候,睡觉是最好的休息方式,能使大脑受益。

4.科学用脑

在保证营养、积极休息、进行体育锻炼等保养大脑的基础上,科学用脑,防止过度疲劳,保持积极乐观的情绪,能大大提高大脑的工作效率。

总之,女孩们,你只有合理安排时间、注意劳逸结合,才能真正提高学习效率,获得良好的学习效果。

第7章

善于思考
——爱思考是女孩智慧的起点

思维的力量是巨大的,但人的大脑就如同一台机器,长时间不使用,它的工作能力就会下降甚至不适用。因此,要有智慧,就要有一颗善于思考的头脑。真正的"有头脑",指的是善思考、勤实践,有思想、智慧、远见、卓识和才干。一个人虽然长着脑袋,但若不善用脑袋,没有思想、智慧、远见、卓识和本领,是不能算是有头脑的。成长的女孩们,在日常生活中,如果你遇到一些以你的知识储备不能解决的问题,就要开发自己的大脑,用自己的方法找到答案,以此培养自己爱动脑的习惯,进而将自己培养成为有思想、智慧、远见、卓识的智慧女性。

思维灵活，女孩思考问题不要一根筋

> 如果有比你懂得多的人，我就聘请他。

我们发现，古今中外，任何一个成功者，都具有一些共同的特质：他们积极主动，富有创造力。我们每个人都必须重视思维的力量。一个人有没有创造性是他的思维方式所决定的，创造性思维是创造力的核心，是人类智慧的体现。对于成长期的女孩来说，是不是懂得变通，不仅决定了她能否在未来的社会竞争中脱颖而出、担当大任，更关系到她是否懂得保护自己。

生活中，我们常听他人说"与时俱进"这一词，也就是说，我们在做人做事时，要懂得变通，不要一根筋，毕竟我们所生活的时代每天都在变幻，守旧的思维模式只能让我们被时代抛弃。事实上，自古以来，人类的进步就是因为能做到与时俱进，能做到思维的创新，可以说，人类如果故步自封，就只会停滞不前。

因此，女孩们，在生活和学习中，你都要学会开发自己的大脑，运用想象力，跳出思维的框框，就能发现思维的另一个高度，就会得出异乎寻常的答案。

第7章
善于思考——爱思考是女孩智慧的起点

1870年,哈佛大学的校长是查理斯·艾略特,他拜访了当时著名的史学家亨利·亚当斯,想聘请他出任中世纪历史的教授。一开始,艾略特苦口婆心地劝说,但亨利·亚当斯都不为所动,后来,亨利·亚当斯谦虚地说:"校长先生,我真的一点儿都不懂中世纪的历史。"听到他的回答,艾略特校长则客气地说:"如果你能够为我举荐出一位学者比你懂得更多,那我就聘请他。"结果亚当斯只好接受了聘请。

艾略特以自己灵活机智的思维,展现了哈佛校长的个人魅力,同时也告诉每个女孩,将思维转个弯,很多事情都迎刃而解。

聪明的人总是能做到不断变通、能根据当下情况的变化做出明智的决定,于是,他们能不断找到成功的机遇,即使在困境中亦是如此,因为他们从不为眼前的现状而停止思考。

的确,这个世界上没有任何事是一成不变的,生命在不断向前,我们的生活也是如此。女孩们,相信你曾经遇到过这样的情况,在做一道题时,你认为自己已经进入了死胡同,但事实上,只是你没有找到出路而已。当你转换一种思维方式,你会发现,原来答案是那么简单。人的思维就是这样奇妙。有一句话说得好:"横切苹果,你就能够看到美丽的星星。"

可能你会说,我就不是个聪明的人,不要紧,从日常生活中开始改变自己就可以,每天早晨,当你打开窗户,一股清新的空气会迎面扑来,于是,你的身心会感到十分轻松。接下来,你需要做的是投入每天的学习和工作中。的确,我们每天醒来,都有一堆处理不完的事,但只要我们能为每天的生活增添一点新奇的想法,只要你这样做,你就做到了突破自我。

女孩们,你若想让自己变得灵活机动起来,就需要从以下几个方面努力:

1.转换思维,"出奇"就能"制胜"

的确,不寻常的方略引导不寻常的成功,你应该学会灵活变通,当大家都朝着一个固定的思维方向思考问题时,你不妨换个方向思索,这实际上就是以

"出奇"去达到"制胜。"这种思维方式一旦运用到学习中,学习效率就会大大提高,而当你长大成人时,这种思维方法会让女孩事半功倍,甚至会得到不同寻常、出其不意的成功。

2.坚持自己的原则,但并不是墨守成规

每个正直、善良的人都有自己的处世原则,但这并不意味着我们要用同一种方式处理所有问题,灵活变通的要义就是根据实际情况而定。举个很简单的例子,可能很多女孩都被告知自己在家的时候,不要给陌生人开门,但如果你的隔壁着火了,那么,你还要坚持不开门吗?当然不是。

总之,成长期的女孩们,懂得灵活处理事情体现了你的应变能力,这样的你一定能冷静地处理生活和学习上的种种难题。

思维缜密，将每个步骤考虑在内

> 没有想好最后一步，就永远不要迈出第一步。
> ——石油大王洛克菲勒

古人云："凡事预则立，不预则废。"大到国家，小到个人，做事时都必须要有计划性，只有做到缜密行事、步步为营，才能让成功多一份胜算，但凡要把一件事情做好，一般都要经历资料收集、深入调查、分析研究、最终下结论这样一个过程。生活中的女孩们，在训练自己的思维习惯中，一定要反复思考，思维要有远见，这样才能提升成事的可能性。

石油大王洛克菲勒也曾说："没有想好最后一步，就永远不要迈出第一步。"这就是一种思维的远见性。在生活中，可能一些女孩也常常听到老人们说："做事之前就要想到后面四步。"其实，向前每走一步，都需要相对应的方法，如果不能看得那么远，至少你需要看见一步。

的确，女孩们，在做事的过程中，不仅需要稳当、周全，而且，不要急于求成，更不要被眼前的小事所累。在时机未成熟之前，你一定要把持住自己。一个聪慧的女孩，眼光总是比身边的人看得稍远一点。

然而，我们发现，生活中，有这样一些女孩，她们大大咧咧，始终改变不了粗糙的毛病，思考问题时，思路紊乱，东拉西扯，始终是稀里糊涂，生活中也是粗糙大意。而结果只能是，事情做不到尽善尽美。

的确，思维指导行动，思虑不周全，就好比一个机器上的关键零件出了问题，这就意味着全盘皆输。那么，生活中的女孩，该如何做到善于思考，稳健走好每一步呢？

1.做好当下的事

生活中，有些人说自己能预见未来，这当然是谎言，也注定失败。因为无论对于未来的预计多么精细，都无法将一些不可知因素囊括在内，在遇到一些意外时，就不得不改变计划，甚至在某些情况下，你需要无奈地放弃预期的计划。因此，我们应做好当下的事，过好今天。

2.勤于思考

思维的力量是巨大的，但人的大脑就如同一台机器，长时间不使用，它的工作能力就会下降甚至不适用。因此，要有智慧，就要有一颗善于思考的头脑。真正的"有头脑"，指的是善思考、勤实践，有思想、智慧、远见、卓识和才干。一个人虽然长着脑袋，但若不善用脑袋，没有思想、智慧、远见、卓识和本领，是不能算有头脑的。

3.制订计划和标准

要想把事情做到最好，你必须在心中为自己设定一个严格的标准，并且，在做事时，你一定要按照这个标准来执行，决不能马虎；另外，在做任何一项决策前，一定要思虑周全，并作广泛的调查论证，广泛征求意见，尽量把可能发生的情况考虑进去，以尽可能避免出现1%的漏洞，直至达到预期效果。

可见，每一刻都是关键，都能影响生命的过程。在下决心之前，不需要太急促，遇到重要问题时，如果没有想好最后一步，就永远不要迈出第一步，要相信总有时间思考问题，也总有时间付诸行动，要有促进计划成熟的耐心。但一旦做出决定，就要像斗士那样，忠实地去执行。

凡事有主见，乖乖女也要有自己的想法

女孩生性较弱，但女孩也是强者，女孩要听话，但女孩不能唯命是从，随着女孩年龄的增长，她们的自我意识越来越强，对于其他人的话，也应该有自己的观点，也要敢于说不。不难发现，生活中，那些对父母和长辈言听计从的女孩，因为失去了自己决定和处理问题的权利，长此以往，她们成了父母的傀儡，这样的女孩要么没有主见，要么叛逆。因此，任何一个女孩，不仅要努力学习，让父母放心，更要培养自己独立自主的性格，这样，未来你才能成为一个刚柔并济的女性，以便适应以后竞争激烈的社会生活。

很多人都说女孩就应该听话、乖巧，但这并不意味着女孩要事事听从长辈的安排，这样只会适得其反。

小美今年上小学五年级，学期开始，她就给自己定了一个学习计划——看报纸，每天晚上，她都会将早上爸爸看过的报纸看一遍，遇到不认识的字，她都会记下来，然后查字典，看到喜欢的语句，她也会抄下来。

这天晚上，她在看文摘一栏时，她发现了一个错字，编辑将"含辛茹苦"

写成了"含辛如苦",小美清楚地记得前几天老师刚讲过这个成语的含义,于是,她再查了一次词典,发现自己是对的。她拿着报纸过去找爸爸,爸爸看都没看,就直接说:"报纸怎么可能会写错,我看是你们老师讲错了。"

"可是,我也查过词典,我是对的。"

这时,妈妈走过来,她接过女儿手中的报纸,看了看:"不错不错,乖女儿,你很细心,也很有主见,这个字真的是编辑写错了。"

听了妈妈的夸奖,小美得意地朝爸爸挤了挤眼睛。

故事中的小美就是个敢于质疑权威、敢于说不的女孩。在她发现报纸上有错别字时,她的第一反应就是查词典,在确定了自己是正确的以后,她向爸爸提出来了,尽管爸爸没有理会她,但她敢于质疑的精神得到了妈妈的肯定。

生活中的女孩,也应该向小美学习,敢于说不,是你培养自我独立品质的第一步。生活中,在遇到某些困惑时,你可以征询父母的意见,但你不必事事听从父母,尤其是对于那些你认为正确的事,你要敢于坚持自我。

为此,女孩们,你需要做到:

1.要有自己的兴趣爱好

每个人都有自己的个性,也许你的父母希望你能喜欢他们的兴趣、喜欢他们为你规划的人生,对此,你可以告诉父母你自己的想法,而不是一味地听从父母的话。

2.学会自己选择

成年人有大量的选择机会,青春期的女孩们也应该学会自己选择,也必须学会做出有根据、负责任的决定。如果你了解自己的偏好，对自己的偏好充满信心，足以顶住外部的压力，并且能够全面考虑自己做出的选择可能给自己及他人带来的后果，你就会做出更加正确的决定。

3.有自己的想法并不意味你可以把自己的想法强加于人

生活中，有一些女孩，她们很任性，只要她们想要的，就希望得到满足，只要他人的意见与自己不同，就希望别人能放弃自己的想法认同自己，其实，这并不是真正的自主。你需要知道的是，一个真正独立自主的人，不仅要有自己的想法，而且要尊重他人的想法。

总之，女孩们，再也不要认为自己还小，应该听从父母的，十几岁的你应该学会独立了，学会独立地生活、独立地学习，拥有独立的思想，这样，你才能真正成熟起来。

思维豁达，斤斤计较的女孩不可爱

生活中，人们常用"善解人意"来形容心胸宽广的女孩，这是女孩应该具备的一种美好的品质和美德。心胸宽广的女孩性情温和，能够处理好各种人际关系，能够很快地适应各种不同的环境，能够融洽地与人合作，充分发挥自己的潜能，而且，这样的女孩人见人爱。

从前，某村住着两个人，一个叫纪伯，一个叫陈嚣，他们毗邻而居。

纪伯爱占便宜，这天夜里，他趁着夜色将两家之间的竹篱笆向陈嚣那边移了移，这样，他家院子的范围就宽多了，但其实，他的做法都被陈嚣看在了眼里，陈嚣并没有恢复篱笆，而是将篱笆再向自己这边挪了一点，这样，纪伯的院子更宽敞了。

纪伯发现后，很是愧疚，不但把侵占陈家的地方还了回去，而且还将篱笆往自己这边移了一丈。

陈嚣的主动吃亏，让纪伯感到相当内疚，他产生了"以小人之心度君子之腹"的感觉，这就欠下了陈嚣的一个人情，即使他还了这个人情，但是每当他想起时，他还是会内疚，还是会想法报答陈嚣。

表面上是陈嚣吃了点小亏，但实际上因为他的吃亏，反而赢得了纪伯的友谊和尊重，可见豁达的思维对人生的积极意义。

世界上的任何人和事，都没有绝对的是非善恶，宽容别人，就是尊重别人，即使别人犯了错，也不要"一棍子将人打死"，谁没有犯错的时候？

当今社会变化加速，新生事物层出不穷，社会价值取向出现了多元化的趋势，人们的个性也更加鲜明。但女孩不能失去其重要的品质——心胸宽广，那些豁达、宽容的女孩往往心地善良，性情温和，惹人喜爱，受人拥护。而那些小心眼的女孩，往往性情怪诞，易走极端，不易与人亲近。

事实上，在多数情况下，女孩的不良心态是在与人发生矛盾时产生的，比如说仇恨，这时女孩会对自己受到伤害有一种宣泄反应，往往就会记仇，如走路不小心被他人撞倒等。对此，作为女孩的你，一定要大度一点，要以善良之心看待与他人的摩擦，因为生活中难免会发生不愉快的事情。

做个豁达的女孩，你需要做到：

1.明白"人无完人"的道理

金无足赤，人无完人，每个人都不是完美的，都或多或少有些缺点，与同学、朋友相处的过程中，你没有必要求全责备。对于朋友犯的错，你也应该学会宽容，没有必要斤斤计较。多一分理解和宽容，你会变得更完美。

2.转换思维，认识到宽容的力量

我们不要总以为对别人宽容就损害了自己的利益，导致自己吃亏了。其实，宽容别人，就是宽容自己。只有宽容地看待人生和体谅他人，心中才会感到愉悦、放松，我们才可以生活在欢乐与友爱之中。只要人人都多一分宽容，就会多一分理解与美好，也会少一分仇恨与报复，那么，生活中的酸甜苦辣就会变得美好起来。在生活中学会宽容，就能懂得许多道理。

3.善待他人

你一旦学会善待他人，就学会了宽容别人，已经有了一颗友善的心、宽容的心，那么，自然而然女孩子也就会在日常生活中宽容他人了。

你还应明白，他人是自己的影子，善待他人，也就是善待自己。对他人多一分理解和宽容，其实就是支持和帮助自己。

4.开阔自己的眼界

眼界宽的人，胸怀也会宽广。对此，你不妨经常利用各种节假日，和父母一起游览祖国的大好河山。在这一次次的游览中，你就能增长知识，开阔眼界，能拥有宽广的胸怀，也就很少会因为日常小事无谓地烦恼了。

总之，一个女孩，最重要的莫过于一份恬适淡雅的心态和善解人意的品质。人非圣贤，孰能无过。学会了豁

达、和气待人，你才能团结同学，营造一个愉快的生活和学习氛围。在以后人生的道路上才能以宽广的心胸消除许多无谓的矛盾，化干戈为玉帛，拥有一个良好的人际关系，女孩拥有这样的品质，便会人见人爱！

第8章

爱上阅读
——读书让女孩的灵魂更丰盈

女作家毕淑敏曾说:"清风朗月,水滴石穿,一年几年一辈子读下去,书就像微波,从内到外震动着我们的心,徐徐加热,精神分子的结构就改变了,成熟了,书的效力就凸现出来了。"人的灵魂浅薄,庸俗,无聊,每个女孩,要想让灵魂更丰盈,也要养成每日阅读的习惯,爱上阅读,就开启了你的充满魅力的智慧人生。

热爱读书，做个博学的小才女

培根说："书籍是在时代的波涛中航行的思想之船，它小心翼翼地把珍贵的货物运送给一代又一代。"歌德说："读一本好书，就是和许多高尚的人谈话。"约翰逊医生说："一个人的后半生取决于他读到的第一本书的记忆。"从这句话我们能看到书对人的影响，正因如此，我们需要明白的是，假如一本书不值得去读，就不读。书籍是人类进步的阶梯，是智慧的源泉，而对于一个女孩来说，读书是培养气质的根本方法，因为气质是由内而外发出的，读书能给女孩带来内在的积淀和更加深邃的内涵美，而相反，一个不读书的女孩即使外表美丽，也只是流于世俗，而不能内化为真正的气质，女孩从小培养爱读书的习惯，能让她们受益终身。

因此，生活中青少年阶段的女孩们，更要注重培养自己的阅读兴趣多读书，不仅能开阔女孩的眼界，最重要的是，让你的修养和品位提升了一个层次。

我国著名的马克思主义经济学家、《资本论》最早的中文翻译者王亚南，从小就酷爱读书。他在读中学时，为了争取更多的时间读书，特意把自己睡的木板床的一条腿锯短半尺，成为三脚床。每天读到深夜，疲劳时上床去睡一觉后迷糊中一翻身，床向短脚方向倾斜过去，他一下子被惊醒过来，便立刻下床，伏案夜读。天天如此，从未间断。结果他年年都取得优异的成绩，被誉为班内的"三杰"之一。

1933年，王亚南乘船去欧洲。半途中，突然刮起了大风，顿时巨浪滔天。当时，王亚男正在甲板上看书，他的眼镜已经被风吹走了，这时，他赶紧求助于旁边的服务员说："请你把我绑在这根柱子上吧！"

听到王亚南的话，服务员不禁笑了起来，因为他以为王亚南是害怕自己被巨浪卷到海里去。谁知道，当他真的将王亚南绑在柱子上时，王亚南居然翻开书，聚精会神地看起书来。船上的外国人看见了，无不向他投来惊异的目光，连声赞叹说："啊！中国人，真了不起！"

这里我们每个人都应该学习王亚南的读书精神，并要在生活中逐渐培养读书的习惯，长此以往，你必定会爱上阅读。

总结起来，在读书上，我们最好做到：

1.去芜存菁，学会挑选健康、积极、有益于自己身心发展的书刊

我们不得不承认，现在市场上充斥着各种书刊，并不是什么书目都能起到充实心灵的作用，真正有品位，适合鉴赏的寥寥无几。因此，在阅读这一问题上，我们并不要求读书的数量，而应该重质量。你可以向那些知识丰富者请教，让他们对你的阅读给出一些指导性意见。

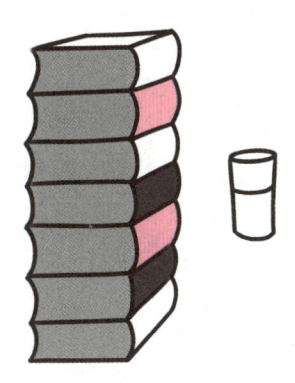

2.注意培养自己的阅读方法

要学会带着感情阅读,这有利于培养自己表达能力以及想象力。另外,你还可以写一些读书笔记,写出自己的感受。另外,睡前阅读是最佳阅读时机,浅睡眠时期最容易进行无意识的记忆,因此睡前的阅读一定要把握。

3.将书本上的知识与生活认知结合起来

比如,在周末你读完一本海洋动物的书后,就可以去海洋馆看看海豚、海豹到底是什么样子;看过植物书后,就可以去野外认识各种可爱的植物。这样就可以使阅读变得很有趣,你的读书兴趣就会逐渐建立起来。

读什么书,怎样读,都能对我们产生不同的作用,读一本好书,我们才会从书中获得真正的知识!

不同的书籍有不同的阅读方法

中国人常说："到什么山，唱什么歌。"这句话强调了我们无论做什么事都要看情形行动。又说："看菜吃饭，量体裁衣。"其实，阅读也是这样。女孩们在培养自己的阅读习惯时，要注意根据不同类型的书籍采取不同的阅读方法。

具体来说，我们进行了一些总结：

1.小说

读小说之前，女孩们，你可以先阅读作者简介，了解小说作者的人物心理、写作背景，对整个小说的理解都是有帮助的。

事实上，每个作家，在编写一部小说时，里面都或多或少的有自己的影子。比如张爱玲、三毛、亦舒这些女作家，她们的作品描述的很大程度上就是她们自身的影子。林奕含在自己的作品里，所写的也不只是房思

> 小说要先了解一些背景知识。

琪，更是将各种女性杂糅在一起，就连武侠大师金庸也会在作品中寄托自己对梦中情人的情思，刻画出一个个鲜活的形象。再比如太宰治的《人间失格》，也是在描写自己。

对于一些晦涩难懂的外国小说，更需要先了解作者写作的时代，所经历的事情，和家族的遭遇，会瞬间理解书中的各种场景和形象。多了解作者的经历、他们的成长故事，对阅读过程中理解他们的作品有非常大的帮助。

2.文学散文类书

不少女孩在学习之余喜欢刷微信、抖音、微博，其实，这些零碎的时间完全可以用来阅读一些文学散文类作品，因为这些作品相对来说就是篇幅短小、独立，你甚至可以挑选自己喜欢的小标题，乱序阅读。

可以碎片化阅读。

这些作品适合碎片化阅读，即使因为其他事中断了阅读，下次再拿起书本依然可以继续阅读。

比较典型的，龙应台、梁实秋、周国平、丰子恺之类优秀作家的作品，都可以用这种方式阅读。

你可以选择电子阅读的方式，通过APP分章节阅读。尤其是这类书里，经常会有各种金句，随时在手机上记下来，上传或者抄写，都非常方便。

这类书未必需要买实体书，随时随地有手机的时候，等车排队无聊的时候，选择一章安心读一读，都会比漫无目的地刷手机有收获得多。

3.文艺类书

这里所指的文艺类的书，是和旅行、美术、艺术等关系比较大的书。

一般来说，这类书从外包装上就能吸引女孩，因为包装精美，不过不少女孩也只是买来翻阅，大多时间丢弃到一旁。

所以你可以在旅游的途中，或者在规划出行的时候，抑或是在旅游归来的时候，把它们作为参考去阅读。

比如，在去日本京都之前，看苏枕书的《有鹿来》，等等。或者，在去荷兰梵高美术馆之前看《如何参观美术馆》和蒋勋老师的《写给大家的西方美术史》，去西班牙之前看看丰子恺的《建筑十讲》等。

对于这类书，最好能亲身体验、去经历，才能明白书中的内容。所以这类书不能一味地坐在家中读，如果没有目的只是因为好看或者心血来潮而买来，通常读完的效果并不好。

4.畅销书籍

对于这类书籍，最好有选择的去读。

很多人不知道读什么书的时候，喜欢去排行榜找畅销书读。这是一种选书的方法，但相比前面提到的方式，这未必是最好的选择。其实这类书很多时候，都是出版社和图书公司共同营销的结果。长期霸占排行榜前列的很多书，有时候也未必是好书，除了一些经典名著，很多畅销书也许能给你带来的收获并不大。没有必要因为看到大家都在读而一定要读，更没必要看了某到大咖推荐了就觉得怎么样了。事实上，阅读是一件非常私人化的活动，别人的喜好未必适合你。

在选择书籍的时候，一定要多思考，多选择，找到适合自己的，而不是所谓热门的、在畅销排行榜靠前的。以上建议，希望对你有些许帮助。

读完就忘，不妨做做阅读笔记

成长期的女孩们，相信你经常听到老师说，不仅要做课堂笔记，在平时阅读也要记笔记，也就是读书笔记。读书笔记是指人们在阅读书籍或文章时，遇到值得记录的东西和自己的心得、体会，随时随地把它写下来的一种文体。

那么，为什么要做读书笔记呢？打个比方，如果你去过菜市场，你把食材买回家，肯定想着把这些食材进行分择，留下我们认为需要的，丢弃我们认为不需要的。其实，读书也是一样，一本书中并不是所有的东西都是我们所需要的。正如帕累托法则而言，一本书中只有20%的精华，而其余80%只是作铺垫的作用，所以没有必要吃透整本书。

明白了这个道理，你就知道该怎样去做笔记。

1.明确做笔记的宗旨

做笔记的宗旨，就是进行知识转移。因此，做笔记时要以大脑为主帅、思维为中心、理解为标准、获取为重点，变老师和书本的知识为自己的知识。

2.把握做笔记的时机

做笔记的前提，就是不能影响阅读和思考，这就要求我们阅读时多思考，遇到重点和难题，马上随手记，阅读完书之后再来记，可能已经忘了。

3.注意做笔记的方法

做笔记要注意四种方法：一是简明扼要、纲目清楚；二是利用短语、数字、图表、缩写或符号进行速记；三是一些书籍的重点词语和句型可直接记在书页边，便于复习时查找；四是理解类书籍要记新思路、补充的定义、定理、公式等。

4.注意笔记的方式

一般分三种情况来记：一是用自己的语言，把老书本内容的重点记下来；二是一些重要的经典原话，定义、公式、论点、论据、结论、概念、时间、地点等，必须准确照抄；三是对不懂的问题和疑点，也要原样记下来，以便后面去研究、思考、查对和询问。

5.注意笔记内容

记笔记要注意两种倾向：一是像"速记员"一样，一切都记；二是像看电影一样，一切都不记。笔记的内容一般包括四个内容：一是书中的重点、要点、难点与疑点；二是书本的知识框架和结构；三是作者观点、思想及一些有价值的数据、事实、实例；四是我们自己的心得、见解等。

6.分清主次体

我们做阅读笔记，最值得提醒和反复强调的就是要分清哪是主体、哪是次体。"阅读"是主体，做笔记是次体。一定不能为了做笔记而做笔记，要保证自己全身心沉浸在阅读中，然后再去做笔记。

7.不要只强调做得"漂亮"

一些人一味追求笔记做得"漂亮",比如工整、笔迹好看与否等,而忽视了笔记的内容,这未免本末倒置了。

8.有新内容和新思路及时补充

有时候,我们在阅读时记下某点知识,但是在后来的阅读中发现了新的观点和补充类知识,对此,我们最好重新整理、归纳,这也是加深理解和强化记忆的一个重要环节。

9.尽量规范笔记

有些人做阅读笔记非常随意,今天这个本,明天那个本;或是今天一张纸,明天一张纸。最后所记笔记乱七八糟,到查找时东翻西找也不全。做笔记应尽量规范,这样用起来就方便。

掌握以上九点做阅读笔记的习惯,相信你能做好阅读笔记,也能真正将笔记内容转换为你的知识。

第 9 章

勤奋努力
——女孩终生努力，便成天才

　　对于青少年阶段的女孩来说，最重要的就是学习，但在学习这一问题上，每一分的进步都不会凭空从天而降，每一阶段的成功也不是靠运气就可以获得，化梦想为现实的道路，是一个人勤勤恳恳，一步一步闯荡的过程。具备成功者的素质才会使你胸有成竹，而任何投机取巧只会让你心虚。女孩们，你应该认识到勤勉的重要性，可能你会有疑问：我现在已经上初高中了，曾经没有努力学习，荒废了很多时间，现在努力会不会已经晚了？当然不是，你首先要做的就是收拾自己的心情，然后梳理好自己的思绪，从现在开始，勤奋努力，你要相信有一天，你会成为一名优秀的人才。

梦想，就是好习惯的积累

威廉·詹姆斯说："播下一个行动，你将收获一种习惯；播下一种习惯，你将收获一种性格；播下一种性格，你将收获一种命运。"事实表明，习惯左右了成败，习惯改变人的一生。一句话，成也习惯，败也习惯。同样，习惯对于人生梦想的实现也起着至关重要的租用。

因此，我们可以说，梦想的实现，其实是一系列好习惯的积累。生活中的女孩们，如果你希望实现人生梦想，就要养成一些受益终身的好习惯，那么，从现在起，你就要在日常生活中有意识地训练自己。因为一般说来，习惯可以在有目的、有计划的训练中形成，只要你做到坚持，长此以往，好习惯自然就会悄悄形成。

那么，女孩们，你该怎样主动培养那些成功的习惯呢？

1.变懒惰为勤奋

从古至今，我们发现，任何一个能做到99%勤奋的人都能最终取得成功。李嘉诚就是最好的例子。

有位记者曾问亚洲首富李嘉诚："李先生，您成功靠什么？"李嘉诚毫不犹豫地回答："靠学习，不断地学习。"不断地学习知识，是李嘉诚成功的奥秘！

李嘉诚勤于自学，在任何情况下都不忘记读书。青年打工期间，他坚持"抢学"，创业期间坚持"抢学"，经营自己的"商业王国"期间，仍孜孜不倦地学习。李嘉诚一天工作十多个小时，仍然坚持学英语。早在办塑料厂时就专门聘请一位私人教师每天早晨7点30分上课，上完课再去上班，天天如此。当年，懂英文的华人在香港社会是"稀有动物"。懂得英文，使李嘉诚可以直接飞往英美，参加各种展销会，谈生意可直接与外籍投资顾问、银行的高层打交道。如今，李嘉诚已年逾古稀，仍爱书如命，坚持不断地读书学习。

一个人不可能随随便便成功，李嘉诚向每个渴望成功的人展示了这个道理。可能你会惊羡于李嘉诚式的成功，但却做不到李嘉诚式的努力与勤奋。那么，你不妨问问自己：我做到99%的勤奋了吗？如果你的回答是否定的，那么，你就知道症结所在了。也许，有些人会说，我不够聪明。而实际上，即使足够有智慧，成功也源于勤奋。没有人能只依靠天分成功。自身的缺点并不可怕，可怕的是缺少勤奋的精神。勤奋面前，再艰巨的任务都可以完成，再坚定的山也都会被"移走"。滴水能把石穿透，万事功到自然成，唯有勤劳才是永不枯竭的财源。

2.养成读书的习惯

除了你学习的书本知识外,你还应多阅读课外书籍,多读书最大的好处是可以增长知识,陶冶性情,修养身心。

3.让好奇心引导你探求知识

可能你觉得现在的你已经具备了很多知识,但事实真的如此吗?再退一步讲,人生的知识并不是书本上的,你真的对周围生活和自然以及各个方面都了如指掌吗?如果你觉得自己什么都懂,你多半不会是一个谦虚的人,实际上,越是知识渊博的人越是发现自己知道的少,培养好奇心也可以达到同样的效果,越是充满好奇越是对未知充满敬畏,也就越谦虚。

4.勇于创新

骄傲自满,你将很快就被超越。而只有进步才能获得更强的竞争力。然而,没有创新就不可能进步。因此,你应该将自己的求知欲望和求知兴趣激发出来,鼓励自己多动脑、动手、动眼、动口,善于发现问题,提出问题,并尝试用自己的思路去解决问题。

5.要有坚定的决心和持之以恒的毅力

这是老生常谈的话题，但依然重要。那么，如何做到中途不放弃？良好的心态、乐观的精神和自信心三者缺一不可。很多人选择目标后又中途放弃，就是因为觉得坚持这么久，没有成果，觉得自己学的没有用。其实，条条大路通罗马，既然选择了自己的路，就要毫不犹豫地走，一直在原地徘徊，犹豫不决，不知是否该前进，只能让时间白白流走而已。

当然，任何习惯的改变和形成，都是艰难的，但只要我们坚持一段时间，一旦习惯形成后，它就会成为一种自动化的、下意识的行为反应了。

女孩要趁早多涉及学习以外的其他领域

当今社会,竞争之激烈早已毋庸置疑,任何一个女孩,在未来也要和男孩一样参与激烈的社会竞争,并且,女孩要想在竞争中胜出,必须付出比他人更多的努力,必须将自己历练成一个综合素质高的人,而要做到这些,你就不能把眼光全部放在科学文化知识的学习上,而是应该培养自己多方面的能力,要知道,多学一门技艺,在未来社会,你就会多一条出路。我们先来看下面的故事:

深夜来临了,老鼠首领发现房子的主人应该都睡了,于是,他带领着所有的小老鼠都出来觅食了。聪明的老鼠首领很快发现主人厨房垃圾桶里有很多剩饭剩菜,这对于老鼠来说,就好像人类发现了宝藏。

这群老鼠正准备饱餐一顿时,却听到了他们最害怕听到的声音——一头大花猫的叫声。它们瞬间慌乱了,只顾逃命,但大花猫看见老鼠,兴奋异常,哪里肯放过它们,有两只小老鼠走避不及,被大花猫捉到,正要向它们吞噬之际,突然传来一连串凶恶的狗吠声,令大花猫手足无措,狼狈逃命。

第9章
勤奋努力——女孩终生努力，便成天才

大花猫被吓跑后，老鼠首领镇定地从垃圾桶背后走出来，对小老鼠们说："我早就对你们说，多学一种语言有利无害，这次我就救了你们一命。"

虽然只用了这么一个小小的例子，但却给我们说明了个简单的道理——"多一门技艺，多一条路"，这也是现今社会的真理和求得更好生存的基础。所以不断学习，实在是成功人士的终身法则。

因此，女孩们，无论现阶段你的学习成绩如何，只要你肯努力地不断学习更多的技能知识，相信你在未来社会任何一个岗位上都会发光发热！

对于学习阶段的女孩来说，不要让自己成为一个书呆子，而应该多涉及学习以外的其他领域，具体说来，你可以这样做：

1.挖掘兴趣，让自己更有动力

人作为一种生物，所有的行为都是直接或者间接按照自己意志去行动的，而这一切都必须要有足够的动机。可能外界的压迫或者一时的发愤可以暂时充当这种动机，但是任何纯被动的行为是无法持续太久的。只有有了内在的动力——兴趣，学习的行为才能够高效地持久下去。

很多女孩，之所以会对玩热衷，而不愿意学习，就是因为没有学习兴趣，没有兴趣，就没有探究的精神和动力。反之，当你挖掘出了学习某项技能的兴趣，便有了激励自己坚持下去的长久动力。

2.将你的爱好与当下的学习结合起来

可能你会说，现在的你除了对学习没兴趣外，对其他事都有兴趣，比如看小说、玩游戏等，这也就是你的"热点"，你要学会将自己的爱好与学习结合起来，因为任何一项爱好，如果没有理论知识的支配，都会失去很大的实现的

可能，为此，你需要告诉自己，"要想当个作家，只有努力学习，掌握理论知识，才能提升自己，才能朝着梦想迈进一步""一个大型的软件公司的门槛都是本科以上学历，想成为一个开发人员，必须从现在努力学习"。

可见，要多学一门技艺，也并不是说抛下现下的学习，而是应该尽量在完成好学业学习的同时完善其他知识储备，这样，才能真正成为一个多才多艺的人。

其实，每一分的进步都不会凭空从天而降，每一阶段的小胜也都不是靠运气就可以获得，化梦想为现实的道路，是一个人勤勤恳恳，一手一脚闯荡的过程。梦想自然不能少，但务实的精神更不可丢，如果说梦想是成功的阶梯，通向成功之门，那么务实的态度和务实的行动便是走一步所留下的每一个脚印。爱默生也告诫每一个渴望获得成功的男人："人总归是要长大的。天地如此广阔，世界如此美好，你们需要的不仅仅是一对幻想的翅膀，更需要一双踏踏实实的脚！"

愿意吃苦，学习从来都不是一件轻松的事

古话说："艰难困苦，玉汝于成。"所以，青少年阶段的女孩们，你一定要学会在日常生活中培养自己吃苦耐劳的品质，在必要的"穷"和"苦"中得到锤炼，懂得以艰苦奋斗为荣，以骄奢淫逸为耻，方才体会到靠自己的努力争取得来的快乐。这对于女孩子的自立自强也是一种磨炼。

屠格涅夫曾说："你想成为幸福的人吗？那么，请先学会吃苦。"对于任何一个青少年阶段的女孩来说，你都不要忘记现下你的主要任务就是学习，而学习从来都不是一件轻松的事，愿意吃苦并且能吃苦，你才能做好知识的积累，也才能最终实现卓越。

罗斯福是美国历史上最伟大的总统之一，但是他在小时候却是个小儿麻痹症患者，是个瘫子，但罗斯福却通过比常人更加艰苦的奋斗和努力，取得了美国人民的支持，成为美国历史上唯一一位连任四届的总统，四次实现了孩提时的梦想！

罗斯福在身体上虽然有一定的缺陷，小时候被人嘲笑，也曾失去勇气，但他身上却有自强不息的精神，他咬紧自己的牙使嘴唇不颤动从而克服了惧怕心理。

他很清楚自己身上的缺陷，但他并不因为这点退缩、自卑，他告诉自己要做个勇敢的人，他相信，只要自己肯付出努力，就一定能获得成功。

终于，通过长时间的练习，他终于学会了用假声的方法来掩盖自己那无人不知的龅牙。在演讲中，虽然他并没表现出任何惊人的地方，但他不因自己的声音和姿态而遭失败。他的声音并不是那么洪亮，姿态也不是那么威严，甚至可以说，他的辞令也不是惊人的，然而，就在当时，他却是人们眼中最出色、最有力量的演说家之一。

听完罗斯福的故事，女孩们，你是不是有所启示，一个人，昨天怎么样并不重要，重要的是今天，从今天起，开始挖掘自己的求知欲，并努力学习，你就能最终获得成功。梦想的实现是一个过程，是将勤奋和努力融入每天的生活中、工作和学习中，它没有捷径，它需要脚踏实地。

的确，关于未来，可能每个女孩都有很多幻想，她们也为自己编织着美好的未来，或希望自己成为某个行业的精英，或拥有自己的事业等，树立理想是好事，它可以匡正你的言行，让你的努力都有一个明晰的主线，但无论如何，你千万要记住，只有脚踏实地才是实现梦想的唯一途径，对理想的憧憬，也千万别过了头。

其实，生活中，那些成功者往往是那些做"傻"事的笨人，输得最惨的也是那些聪明人，那些笨人深知自己不够聪明，所以他们努力学习、埋头苦干，最终他们如愿以偿了。而聪明人做事时则不肯下力气，总想着要小聪明，投机取巧，所以往往输得很惨，所以智慧和实干比起来，实干更加不可或缺。因此，梦想的实现必须扎根在现实的土壤上。任何一个怀揣梦想的女孩都应该让自己沉下心来进入角色，越早进入就意味着你成熟了一些，离梦想的实现更进了一步。

第 10 章

挖掘潜力
——优秀女孩从不给自己的人生设限

每个人的潜能都是无限的，女孩的潜能体现在很多方面。有一些女孩天生就有一双美丽、细长的小手，特别适合弹奏钢琴；有一些女孩对色彩比较敏感，她们在很早就爱上了画笔，她们从身边的小动物、花草开始画起，她们的世界是色彩斑斓的；有些女孩对针线活情有独钟，在很小的时候，她们已经开始学习织毛衣，为芭比娃娃做衣服；有些女孩对书法感兴趣，泼墨挥毫，像模像样……当然，不同的女孩所拥有的潜能是不一样的，只要你善于发现并引导出来，那么，它很可能成为让你受益终身的财富。

女孩要善于挖掘自身潜能，并不断发展它

我们都知道，女孩天生乖巧，比男孩更懂事，在女孩很小的时候，她们就表现出了很多男孩们没有的天赋，比如，当同龄的男孩们还不能讲出一句完整的话时，她们已经能跟人聊天了；当同龄的男孩们还痴迷于玩具手枪时，她们已经开始学习跳舞了；当周围的男孩还在为了一个玩具而打架时，她们已经学会了如何调节人际关系……但我们深感奇怪的是，随着年龄的增长，小女孩的这些天赋开始一点点地减少，有些甚至慢慢消失了。

其实，这与女孩的发展规律有关系。在青春期之前，女孩的智力要比男孩发展得快些，她们会在很多方面表现出男孩们所没有表现出的天赋，而进入青春期后，受到身体方面的影响，这些天赋会相对减少，但值得我们注意的是，这并不是影响女孩天赋发展的主要因素。作为女孩自身，随着自我意识的逐渐增强，如果你能挖掘出自身的潜能，并不断发展它，那么，你就能获得骄人的成绩。

第10章
挖掘潜力——优秀女孩从不给自己的人生设限

我从小是在农村长大的，跟着奶奶生活，虽然爸爸妈妈不在身边，但是我每天都很快乐，我很喜欢唱歌，那时候，每天傍晚，我都会唱歌给奶奶听。奶奶说我的歌声就像清晨啼叫的鸟儿，很好听。

后来，上初中了，我被接到了城里，我报名参加了学校的元旦晚会，我唱了一首我最爱的《让我们荡起双桨》。没想到，当我一开口，底下就响起了热烈的掌声，我陶醉在其中，从那以后，我便有个梦想，我要学音乐，做一个歌手。幸好，母亲支持我的决定，每天晚上，我都会去声乐老师那儿学上一个小时。

而现在，我已经实现了自己的梦想，当母亲看到我发的第一张专辑时，她激动地流下了热泪。

这则案例中，我们看到了一个积极进取的女孩成才的过程，在一次歌唱表演中，她看到自己的优势，也找到了自己的人生目标，而可喜的是，她成功了。

具体来说，女孩们，你可以这样挖掘出自己的潜能：

1.自我激励，增强自信，相信自己能做到

人的自信是一种由内而外散发出的气质，但却需要个人来把握。所以，女孩们，在建立自信的过程，你需要做到不断激励。比如，在竞赛过程中，你可以告诉自己："我很棒，我的专业能力是很强的。"这样，可以增强自己内在的信心，激发出自己内在的力量，从而成功地达到你的目标，当然，自我激励也只是临时增强信心的方法，要想让自信成为内在的一种气质，还需要不断激励自己，直至形成一种习惯。

2.尊重自己的爱好，是挖掘潜能的前提

兴趣是最好的老师，你喜欢什么，就去做什么，不要为了满足父母的要求而去选择一些自己不喜欢做的事，比如，如果你爱好画画，而你的父母希望你能弹钢琴，那么，不喜欢弹钢琴的你不可能在这一爱好上有所成就。尊重自己的爱好，是挖掘潜能的前提。

3.做好当下的事

生活中，你不必刻意地挖掘自己的潜能，而应该做好自己当下的事，并且做到专注、认真，那么，你的能力就会释放出来。比如，你想看看自己在哪一科目上比较有天赋，那么，你首先要做的就是努力学好每一科，在付出同等努力的情况下，哪一科更有成效就体现了你的潜能。一个什么都不做的人，怎么可能知道自己适合做什么呢？

总之，成长期的女孩们，你应全方位地审视自己。审视，是一种积极的自我超越，正如每日照镜子一样，没有审视地活着，实际上是对自我存在的极不负责的纵容。当然，全方位审视自己，这不仅包括发现自己的不足，还包括明确自己的优势。找到自己的潜能所在，你的努力会更有方向。

要持之以恒，做事不能半途而废

有人说，人生就像一副牌局，真正让这幅牌局精彩的人，即使得到的是最差的牌，也会坚持到最后，精心打出每一张牌，也就是说，恒心是我们每个人获得成功人生的前提。艾森豪威尔说："在这个世界，没有什么比'坚持'对成功的意义更大。"的确，世界上的事情就是这样，成功需要坚持。雄伟壮观的金字塔的建成正是因为它凝结了无数人的汗水；一个运动员要取得冠军，前提就是必须要坚持到最后，冲刺到最后一瞬。如果有丝毫松懈，你就会前功尽弃，因为裁判员并不以运动员起跑时的速度来判定他的成绩和名次。

当然，在坚持的过程中，你可能也会遇到一些压力和困难，但我们要明白的是，此时你更应该有超强的意志力，再坚持一下，也许转机就在下一秒。这正如巴甫洛夫曾所说的："如果我坚持什么，就是用炮也不能打倒我！"

为此，女孩们，你若希望自己变成一个凡事能做到持之以恒的人，不妨从以下几个方面努力：

1.告诉自己，做事一定要有始有终

这是一种自我认知上的锻炼，如果你认为自己是个做事虎头蛇尾的人，那么，在日常学习和做事时，你就应该有意地改正，并反复暗示自己："女孩子一定要做事有始有终，否则，就可能造成自己无法承担的后果""不要这山看着那山高，这样会一事无成""坚持就是胜利"。长时间下来，你就能培养出持之以恒、认真负责的好习惯。

2.有针对性地"磨炼"

你可以采取一些措施，有针对性地"磨炼"自己的浮躁心理。比如，以下几种活动都能很好地练就人做事坚持的好习惯：练习书法，学习绘画，弹琴，解乱绳结，下棋等。

生活中的女孩们，如果你是有浮躁心理、容易半途而废的女孩，那么，请你记住，无论做什么事，如果你想成功，就一定要做到坚持。每天坚持做同一件小事也很不容易，就像每天甩手三百下，一个月大部分人能坚持，一年过去了却只有一个人能坚持，只有学习柏拉图这种坚持不懈的精神，这样才能成为像他和苏格拉底一样做成大事的人。当你认真对待每一件小事，你会发现自己的人生之路越来越广，成功的机遇也会接踵而来。

第 10 章
挖掘潜力——优秀女孩从不给自己的人生设限

如饥似渴地学习，女孩要不断提升自己

现代社会，科学技术日新月异，知识尤其是信息技术的更新速度之快，常常让我们应接不暇，危机每天都会伴随我们左右。

处于成长期的女孩们，你也应该有这种危机意识，为此，你只有从现在起认识到学习的重要性并如饥似渴地去学习、学习、再学习，让学习随时伴你左右，并把学习当成一辈子的事，才能使自己丰富和深刻起来，才能赢得灿烂的明天和成功的未来。要不断进取、发挥才能，否则将被淘汰。

一天，一位学者在课堂上上课。

即将下课时，学者对学生说："马上就要下课了，在下课前的几分钟，我们来做个小实验室吧。"说完，他从讲台下拿出一个空瓶子，然后将一些拳头大小的石头放进瓶子里，直到石头已经堆到瓶口。此时，他问学生："瓶子满了吗？"

"满了。"学生们异口同声地回答。

"真的吗？"他反问，然后拿出一些细小的砾石，将这些砾石都放了进

去，这样，瓶内的很多空间都被砾石占满了。

"现在瓶子满了吗？"

这一次学生有些明白了。"可能还没有满。"一位学生说道。

"很好！"然后，他再拿来一些细小的沙子，这些沙子也轻松地被装到瓶子里，瓶子已经被填得满满的了。

"那么，现在，满了吗？""没满！"学生们大声说。然后教授拿一壶水倒进玻璃瓶直到水面与瓶口齐平。

这个故事告诉所有的人，人生在世，我们的内心和头脑就如同这个瓶子，很多时候，我们认为自己获得的知识、技能已经足够多了，而实际上，若我们继续虚心学习，一定是学无止境。同样，十几岁，正是女孩们努力学习、稳扎稳打学好各种知识的关键时期，唯有做到这些，才能在未来有资格从从容容地去休闲、去游玩、去消遣。否则，现在就开始忙着吃喝玩乐，不干正事，不务正业，那么，很可能落得"书到用时方恨少""少壮不努力，老大徒伤悲"的结局了。

要坚定"奋斗不息，学习不止"的信念，日复一日，沿着知识的阶梯步步登高，养成丰富自己、重视学习的习惯。世上没有绝对的成功，只有不断的努力，才能让你的成功之路走得更快更远。

那么，怎样才能够做到终身学习呢？女孩需要做到：

1.树立终身学习的理念，需要克服"基础差"的误区

可能你会觉得，曾经未好好学习，学习基础差，现在努力已经晚了。而实际上，学习是没有时间和年龄限制的，只要努力学习、刻苦自立，从现在开始学习，为时未晚，基础差，可以查缺补漏，这绝不是拒绝

学习的理由。

2.树立终身学习的理念，促使自己增强使命意识和危机意识

终身学习，是飞速发展的时代向你们提出的要求。21世纪是知识经济的年代，高新技术带动生产力突飞猛进，不断改变着我们的生存环境和生存方式，更需要我们不断提高对新知识、新科技的掌握能力，以及对新环境、新变化的应对能力。我们假如仅仅满足于在学校学的那点东西，不注意及时"充电"，就远远不够了。

3.树立终身学习的理念，积极拓展知识领域，开阔学习视野

终身学习理念中重要的一点，是要学会不断拓展自己的学习领域，开拓自己的知识视野。孔子说："好学近乎知（智）。"树立终身学习的理念，拓展自己的学习领域，开阔自己的知识视野，关键是要培养起学习的兴趣。学习是一种习惯，终身学习则是一种理念，兴趣是成功的一半。一个人树立起终身学习的理念，就会认同"万事皆有可学"这个道理。

第11章

自立能力
——女孩要尽早历练出自力更生的能力

自古以来,女孩都被认为是需要保护的对象,很多父母也都希望自己的女儿听话、乖巧,但未来社会,女人也需要和男人一样参与社会竞争,女孩也必须勇敢、坚强,因此,"听话"并不是一个好女孩的标志,自立、不依赖他人的女孩才能在未来成长为现代独立女性,才是有魅力的。因此,成长期的女孩们,必须从现在起培养自己的自立能力,学会独立思考、独立决策、独立解决问题,只有这样,你才能成为一个真正自立的女孩。

独立自主，自己的事情自己做

无论远古还是当今，女孩似乎都是被保护的对象，她们从孩提时代开始，就总是站在父母身后，她们是家中的小公主，是父母的掌上明珠，逐渐地，她们形成了依赖的性格，有依赖型性格缺陷的女孩常常有无助感，总感到自己无能、笨拙、缺乏精力，这样的女孩多半都有很强的依赖感，过分顺从别人，生怕会被周围的人冷落。一旦某种亲密的关系即将终结时，她们就会有一种被抛弃的感觉。她们当然就缺乏独立性，不能独立生活，在生活上多需他人为其承担责任，做任何事都没有主见，在逆境和灾难中更容易心理扭曲。

我们先来看下面一个故事：

这天，在课堂上，老师给大家讲了一个故事：

"从前，有一对夫妇，晚年得子，十分高兴，对这个'老来子'十分疼爱，甚至到了溺爱的地步，不让孩子做任何事，就连日常穿衣也代劳，这个孩子除了吃喝以外什么也不会。就这样，很快，这个孩子长大了。

"一天，老两口要去外地亲戚家，担心儿子在家没法照顾自己，就想了一个办法：临行前烙了一张中间带眼儿的大饼，套在儿子的脖子上，告诉他想吃

第 11 章
自立能力——女孩要尽早历练出自力更生的能力

的时候就咬一口。

"然而,讽刺的是,这个孩子居然只知道吃颈前面的饼,不知道把后面的饼转过来吃。等老两口出门回来时,大饼只吃了不到一半,而儿子竟活活饿死了。"

这个故事告诉所有的女孩们,要克服依赖心理,才能具备生存的能力。"自己动手,丰衣足食"就是这个道理。

任何人的成长过程都应该是一个逐渐独立与成熟的过程。但现代社会,对有些十几岁的女孩来说,对别人尤其是父母的依恋常常困惑着自己。一旦失去了可以依赖的人,她们常常会不知所措。女孩们,如果你具有依赖心理而得不到及时纠正,任由其发展下去有可能形成依赖型人格障碍。

那么,女孩们,该怎样靠自己的努力戒掉依赖感呢?

1.要充分认识到依赖心理的危害

这就要求你纠正平时养成的习惯,提高自己的动手能力,不要什么事情都指望别人,遇到问题要做出属于自己的选择和判断,加强自主性和创造性,学会独立地思考问题。

2.坚持自理

现在的你,已经不是儿童了,你应该开始自理了。这时,即使家长要为你包办,你也应该拒绝,大胆动手尝试,坚持自己动手,才能在潜移默化中培养自理能力。另外,你需要做到坚持到底,不要凭

一时的新鲜做事，因为自理能力不是一朝一夕能培养成的，需要对自己进行反复的强化和持之以恒的锻炼。

3.吃的自主、穿的自主、玩的自主

在不影响饮食均衡的情况下你应该自己选择吃什么。例如在吃饭后水果时，你就不必要非得听家长的话吃苹果，你完全可以选择吃香蕉。

十几岁是个性张扬的年纪，这一点，很大程度上体现在穿衣打扮上，因此，你不必非得听家长的话，让家长为你购买衣服。你应该根据自己的喜好穿着，当然，要与你学生的身份相匹配，而不应该过分追求个性。

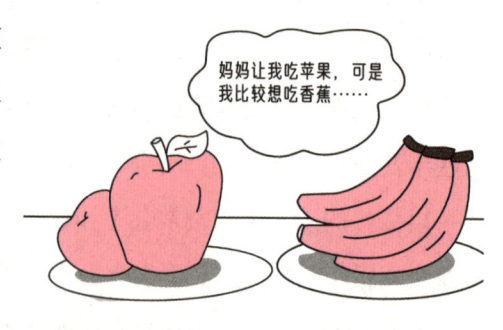

也许你并不喜欢和其他女孩一样收集明星卡，看言情小说，你更喜欢打篮球，更喜欢玩游戏，那么，你完全可以告诉玩伴们你的想法。

4.学会独立解决问题

依赖性是懒惰的附庸，而要克服依赖性，就得在多种场合提倡自己的事情自己做。因此，生活中，你再也不要让家长当你的贴身丫鬟了，也不要让家长帮你安排所有事。比如，独立地解一道数学题，独立准备一段演讲词，独立地与别人打交道等。

总之，女孩们，你要明白，现在的你已经是大人了，你应该在生活中照顾自己，遇到困难时，也不要总是想着求助于父母，当然，有些问题你也可以向父母寻求指导。

第 11 章
自立能力——女孩要尽早历练出自力更生的能力

女孩培养动手能力，从自理开始

> 我总怕蛋黄噎到她，现在一直给她吃蛋清。

　　人们常用"心灵手巧"形容一个女孩，的确，大脑与手之间有密切的关系。科学研究证明：手的活动与精细的动作可以刺激大脑皮层的运动中枢，同时运动中枢又能调节手指的活动，神经中枢和手指反复地互相作用能促进大脑的发育及其功能的完善。苏联著名教育家苏霍姆林斯基也说过："儿童的智慧在他的手指尖上。"心理学家也一致认为手指是"智慧的前哨"，这说明动作的发展多么重要。动手能力是一种最基本的而又十分重要的学习能力，每个女孩都要尽早培养自己的动手能力。

　　但实际上，女孩更擅长于一些感性的思维，在实际操作能力上远不如男孩，其主要原因来自家庭。现在有很多女孩生长在独生子女家庭，全家围着女孩转，恨不得把所有的事情都替孩子做了，但事实上，正是这样，等女孩长大了，她就什么都不会做，也懒得去做，因为在她的心中，爸爸妈妈早晚会为自己安排好的。这样的女孩缺乏自理能力，很难成长为一个合格的社会人。

　　幼儿园开家长会，老师特意向孩子的父母布置了一项家庭作业——教会孩子剥鸡蛋皮。一位妈妈在下面小声地说："这多为难孩子啊，我家女儿还不知道鸡蛋长什么样呢！"老师觉得很奇怪，孩子都这么大了，怎么会不知道鸡蛋什么样子呢，那位妈妈继续说："我总怕煮鸡蛋的蛋黄会噎着她，到现在还一直只给她吃鸡蛋清。"在场的老师和父母们都惊呆了。

这位妈妈真的很爱自己的女儿，在日常的生活中大包大揽，什么事都替孩子做好，孩子上幼儿园了连鸡蛋的样子都没见过。她却没想过这样的爱摧毁了女孩的动手能力，最终将会导致孩子一事无成。

从这个原因出发，女孩便能了解到如何培养自己的动手能力了，这个其实并不难，女孩只要不让父母事事代劳，凡事自己多动手，生活中处处都是提高动手能力的方法，比如：

1.坚持自理

现在的你已经十几岁了，已经具备了一些动手能力。对此，你应该尽早学会自理。然而，大部分的女孩都是家中的"小公主"，衣来伸手，饭来张口，习惯了让父母代办一切。为此，你必须要逐步改正，如果你的父母还是希望为你代劳，你一定要拒绝。

2.让父母监督自己自理

学会自理，这并不是心血来潮，你一定要坚持下去，才能起到作用。一些女孩做事没有坚持到底的决心，只凭一时的新鲜做事，不能保持持久，而自理能力不是一朝一夕能培养成的，需要对你进行反

复的强化。如果你是个没有恒心的女孩，你可以让父母帮助你制订一份计划表并让他们监督你。

3.从自己的分内工作开始

你不妨从个人分内工作开始学习，其中包括生活自理能力，如学习将衣服穿好、放好；自己的玩具自己收拾好；把脏衣服放进篮子里；自己的衣服脏了自己洗，自己的碗筷自己收拾好；整理书桌和书包等。

4.敢于尝试

你已经十几岁，已经不是儿童了，对于很多事，你完全有能力去尝试。事实上，对于青春期的女孩，独立意识已经大大增强，她们会对一些简单的事情表示出极大的兴趣，产生想要动手一试的欲望。这时，你的家长可能会担心影响到学习，他们希望为你一手代办，对此，你不妨告诉他们，你想自己尝试。相信父母也能理解你的想法，他们也会为此高兴。

5.从生活小事培养自己的动手能力

有些女孩一遇到问题就找父母帮忙，但这样你永远学不会独立。事实上，不管做什么事，总会有一个从不会到会的过程。你不妨独立去面对一些生活中的小问题。比如，妈妈不在家，你自己学着做饭吃；衣服破了，自己学着缝缝；家里来了客人，学会招呼等。这样，你的动手能力一定会不断提高。

积极主动，培养自己成事的能力

生活中，我们常说："机遇是留给那些有准备的人。"但同时，机遇也并不是主动送上门来的，而是需要我们主动创造的，那些庸庸碌碌者，多半都是被动消极者，而那些主动执行、善于创造机会的人，则能从最平淡无奇的生活中找到一丝微弱的机会，他们用自身的行动改变了自身的处境甚至改变了命运。

正当青春的女孩们，从现在起，你也要培养自己积极主动的性格，学会独立，独立生活、独立学习，这样，你也会在未来社会闯出自己的一片天地。

有个中国留学生，在快毕业的时候，他带着自己的简历四处找工作。这天，他在唐人街买了一份报纸，报纸上刊登了一条招聘信息：澳大利亚电信公司正在招人，年薪五万，这位留学生心动了，并且，他的条件完全符合，因此，很快，他就在众多应聘者中脱颖而出了。

留学生原以为会马上签约，但谁想到，招聘主管居然问了一句："你有车吗？你会开车吗？我们这份工作时常外出，没有车寸步难行。"这句话把留学生问傻了，因为他既不会开车，也没有车，但他也明白，这名主管提出的问题是很合理的，因为在澳大利亚，公民普遍拥有私家车，无车者寥若晨星。为了争取这个极具诱惑力的工作，他不假思索地回答：

"有！会！"

"4天后，开着你的车来上班。"主管说。

4天？时间也太仓促了，但这名留学生很快想到了办法，他在华人朋友那里借了500澳元，从旧车市场买了一辆外表丑陋的"甲壳虫"。

第一天他跟华人朋友学简单的驾驶技术；第二天在朋友屋后的那块大草坪上模拟练习，并通过了驾照考试；第三天歪歪斜斜地开着车上了公路；第四天他居然驾车去公司报了到。时至今日，他已是的业务主管了。

看完这则故事，女孩们，不妨试想一下，如果你也遇到这种情况，你会怎么做呢？可能你会因为不会开车而放弃。可这位留学生则不同，他的这种思维方式很值得我们学习。女孩们，如果你希望未来的自己能有更多的机会，那么，从现在起，你就要学会独立，学会主动学习，独立面对生活中的各种问题。

为此，成长阶段的女孩们，你们需要谨记以下两点：

1.善于变被动为主动

萧伯纳有一句名言："明白事理的人使自己适应世界，不明白事理的人想使世界适应自己。"人的成长就需要这种不断的调整和适应。那些在学习和工作上被动的人，往往都郁郁不得志，那些积极上进的人，也许他们会遇到一些难题，但这只是暂时的，最终他们都会通过自己的努力拼搏出一个比较辉煌的前景。

因此，女孩们，在学习中，你也应该有主动的精神，只有主动地、积极地学习，才是有效率的、创新的学习。

2.做好积累

尽管当下你还是一名学生，还未进入社会，但你必须要从现在起就做好积累，这里的积累莫过于积累科学文化知识和各种能力。你要明白，你生活在一个充满机遇的世界里，只要你加强知识的积累，拥有敢为天下先的创造意识和勇气，在未来社会把握时机，那么你就会获得成功。

3.将你的爱好与当下的学习结合起来

可能你会说，现在的你除了对学习没兴趣外，对其他事都有兴趣，比如看小说、玩游戏等。其实你大可以将自己的爱好与学习结合起来，比如，你可以告诉自己："要想当个作家，只有努力学习，掌握理论知识，才能提升自己，才能朝着梦想迈进一步。""一个大型的软件公司的门槛都是本科以上学历，我想成为一个开发人员，必须要从现在努力学习。"有了兴趣的激励，你便可以更积极主动地投入学习、培养能力。

第12章

表达能力
——智慧女孩语言生动，有说服力

古语说："美玉藏于深山，人不知其美，黄金埋于地下，人不知其贵。"一个优秀的人，必当也是口才上的高手，十几岁的女孩们，要想蜕变成为优秀的人，也必须注重口语表达能力的训练，如果不善于言辞，就会失去表现自己的机会，这样，即便你满腹经纶、才高八斗也会被别人淡忘。然而，要修炼好的口才，还需要女孩们从日常生活入手，要知道，得体的谈吐不仅能够正确地表达信息，还能传递出一种吸引力、感染力，深深地吸引着身边的每一个人。

修饰语言，提升表达水平

任何女孩都爱美，都希望在未来拥有漂亮的脸蛋，婀娜的身姿，华丽的衣服，时尚的妆容还有出众的气质，然而，女孩们可能忽略了一点，就是我们平时使用频率最高的嘴巴。或许你说我可以画口红和唇彩，嘴巴水嫩嫩的很是漂亮呢，但是不要忘了，你的语言也要美，如果全身上下都打扮一新，只有口中说出的话不加以修饰，那么很有可能外在的一切工夫都白费了。

语言是人类不可缺少的交流工具，人类的语言从最初的结绳记事发展到现在可以任意抒发自己的情感，记录一切想记录的事情，是多么伟大的成就啊。然而，有些话说起来很简单，为什么人类却偏偏喜欢搞得很复杂呢？比如形容一个人"漂亮"，你只要说"你很漂亮"就已经能够把意思清楚地表达出来了，而很多人却喜欢把它说成"你比天上的月亮还要美""你真美，简直是天仙下凡啊"，其实每个人都看得出，这样的表达更动人，更精彩。所以说给我们的语言也穿上衣服修饰一番，还是很有必要的。

第 12 章
表达能力——智慧女孩语言生动，有说服力

同样是形容一样东西，有些人会说，这个不丑；有些人就说，这个很漂亮嘛。如果是你，你会喜欢哪种说法？显而易见是第二种，这就是说在给语言进行修饰之前，选择恰当的表述方式也是很重要的，如果选择不慎，可能会越形容越糟糕。

曾经有一位国王，梦到自己的牙齿都掉光了。他召来智者为其解梦。这个耿直的智者愁眉苦脸地对国王说："陛下，每掉一颗牙齿，就意味着您将会失去一个亲人。"国王听后勃然大怒："你竟敢信口开河胡说八道，给我滚出去！"

国王不甘心，下令找来另一位智者。这位智者一脸喜气地对国王说："高贵的陛下，您真有福气呀！这梦意味着您会比所有的亲人都长寿。"国王听后大喜，奖赏第二位智者100个金币。

年轻的礼宾官很不解地问："您对梦的解释其实同第一位智者的解释在本质上是一样的，为什么他受到的是重罚，而您得到的却是重奖呢？"

智者先讲了一个简短的寓言故事："有一位年轻貌美的姑娘，一丝不挂、满身污垢地去见国王。国王看后将她赶了出去。后来，这位姑娘把自己洗得干干净净，如出水芙蓉一般，穿上了漂亮的时装之后又去见国王。国王高兴地接见了她，并将其留在身边。这位姑娘的名字就叫'真理'。"智者又说："任何时候都要坚持讲真话，但人们听了赤裸裸的真理往往会觉得刺耳，所以，在说出真相的时候也要选择适当的方式。要学会给你的语言穿上华美的外衣。"

1.注意使用美好的词汇

这两个智者对同一件事做解释，本质上的意义是一样的，只是因为表述方式的不同，就得到了大相径庭的结果。谁都喜欢听好话，喜欢别人把自己往好处说，如果你偏偏用晦气的语言讲出来，那也就只能自认倒霉了。

你的蝴蝶发卡很漂亮，就是有点太闪亮了。

当然，我们说修饰语言，并不是不切实际的修饰，更不是无限地夸张和瞎编，而是在实事求是的基础上，注意使用美好的词汇，把不好的意义用另外一种别人比较能够接受的句子表达出来。

成长期的女孩们，如果想要提高自己说话的水平，就应该把握好自己的语言美，赤裸裸的语言就像是赤裸裸的人，怎样都是不雅，再丑的女人穿上漂亮衣服打扮一下也是美的；语言也是一样，再难听的语言稍加修饰，也可以给人如沐春风般舒服的感觉。

成长期的女孩在修饰语言上面不能犯懒。女孩们，你要明白，美是全方位的，加紧修炼你的语言美吧！

练习即兴演讲，训练表达能力

关于说话，可能很多人认为，谁不会讲话，人一生下来就牙牙学语。然而，说话是一门口才艺术，而且是一门很重要的艺术，并不是所有人都能驾轻就熟地运用它。为什么有的人运筹帷幄，决胜千里，讲起话来却结结巴巴，词不达意。相反，有些人貌不惊人，说起话来却口若悬河，滔滔不绝，妙语连珠？这就考验了一个人即兴演讲能力。

其实，我们每一个人，尤其是性格、能力处于形成期的青少年女孩们，都希望在社会舞台上展示自己，也希望能说会道，谈吐优雅大方，可就是嘴巴不争气，良好的谈吐可以助你成功，说话木讷令人坐立不安。而如果你掌握了即兴演讲的技巧，你势必能在表达能力上有所提高。

那么，什么是即兴演讲呢？所谓即兴演讲，就是在特定的情境和主体的诱发下，自发或被要求立即进行的当众说话，是一种不凭借文稿来表情达意的口语交际活动。演讲者事先并没有做任何准备，而是随想随说，有感而发。

相对来说，生活中，人们在说话时的语言表达多半都是即兴的。比如，朋友相遇时的寒暄、酒桌上要言不烦的祝辞等，每个人都不可能拿着稿子去念。因此，即兴讲话对我们每一个人来说非常重要。如果没有即兴讲话的技巧，遇事则脑门充血，无言以对，颠三倒四，哼哼唧唧。

主题是即兴讲话最重要、最关键的内容，是整个表达的根本依据。讲话时每一层次、每一段落、每一句子、每一个词都反映着一个意思，这些意思都要统帅于主题之下。因此，即兴讲话要寻找焦点，临场发挥，及时提炼新颖而典型的主题。当然，即兴演讲时选择的话题不能故意兜圈子，不能离题万里、漫无边际地东拉西扯。否则会冲淡主题，也使听众感到倦怠和不耐烦。演讲者必须心中有数，还应注意讲演的内容必须与主题互相照映，浑然一体。

然而，对于青少年阶段的女孩来说，除学会即兴演讲的一些基本技巧外，平时的知识积累也必不可少。因为知识积累可以丰富口语表达的内容，可以使口头表达更加准确和生动。

的确，如果一个人胸无点墨，也没有准备充足的演说素材，演说难免平平无奇，甚至是失败的。

民国时期的军阀韩复榘，是一个胸无点墨的人，在担任山东省政府主席期间，因为缺乏知识而经常闹出笑话。

一次，他应邀出席齐鲁大学的校庆典礼。典礼上，他被邀上台演讲，站在演讲台上，他说了这样一番话："大学生、二学生、三学生们，今天是什么天气？今天是演讲的天气。开会的人来齐了没有？没来的请举手！很好，都到齐了，你们来得很茂盛，敝人也实在感冒……今天兄弟召集大家，来训一训，兄弟有说得不对的地方，大家应互相谅解，因为兄弟和大家比不了。你们是文化人，你们这些乌合之众，是学科学的、学化学的，都懂七八国的英文，兄弟我是个大老粗，连中国的英文也不懂……你们是从笔筒里钻出来，今天到这里来讲话，真使我蓬荜生辉，感恩戴德。对你们讲话是没有资格的，就像是对牛弹琴。"

韩复榘本来想通过这场讲话来塑造一个亲民的形象，也想向学生表现一下自己的学识和思想，最终却因为胸无点墨而闹出了大笑话。

可见，有一定的知识广度的人才能在短暂的准备时间内从脑海中找到生动的例证和恰当的词汇，使即兴演讲增添魅力。这就要求每一个女孩在日常生活和学习中加强自己的知识储备。

总之，"工欲善其事，必先利其器。"要想会说话，说好话，首先必须充实知识，掌握知识这一利器。这一点，在即兴演讲中尤为重要。

修炼凝练的语言风格，绝不重复啰唆

在生活中，细心的女孩们，不知你是否发现，有的人说话言简意赅，句句说到点子上，能击中问题的要害，很快营造了强大的气场，主导了别人的思想。而有的人尽管表达了很多，但是让人听得云里雾里，不断地打擦边球，根本没有涉及核心问题，被人轻视和不重视。事实上，不是他们的态度上有差异，而是因为他们表达的能力不一样。

王大姐是一个热心肠的人，平时遇着邻居之间有矛盾就喜欢主动去化解纠纷，村里面因为她的存在而增添了不少和气，人们都说王大姐化解纠纷有妙招，但是村里其他人很少能学得会，据说法庭的调解员还曾向她讨教过高招。

有一次，邻居李大爷家的两个儿子因为分财产而闹得邻里不安，大家都束手无策，这时候王大姐出来了，她首先不是去劝说，而是认真倾听各方的说辞，之后找准两兄弟争吵的核心问题：财产分配不均。

找准焦点问题后，王大姐开始说了：老大，看在你的兄弟身体经常有病，而且平时对父母也很孝顺，对你也很尊重的份上，你可以适当让一步。

老大不服气："我的负担很重，我让一步，谁来让我？"

王大姐说："是兄弟情分重要，还是财产重要？"

老大低头沉默了。

说完了老大之后，王大姐对老二说："你大哥已经成家了，负担又很重，平时对你也很照顾，你也要体谅你大哥。"

老二很委屈地说："我的身体又不好，财产少了怎么生活？"

王大姐说："财产再多也会有用完的一天，但是兄弟情分是用不完的，况且你的财产用完了之后你的大哥也会照顾你。"

老二也不再说什么了。

然后兄弟二人和和气气地把财产分配好了。

王大姐抓住两兄弟的争论焦点后，迅速各个击破，几句话的工夫就平息了一场争吵。

在这则调解案例中，王大姐为什么能迅速将兄弟二人的矛盾调解好呢？很简单，因为她说话字字珠玑，句句击中要害，让兄弟二人心服口服。试想，如果王大姐也跟着双方啰啰唆唆地争论，那么不仅化解不了矛盾，而且还会火上浇油。因此，要想增强你的气场，那么不要说废话，要学会字字珠玑，言简意赅，一出口就能击中要害，从内心深处去震撼他人。

十几岁正是女孩们提升自己语言表达能力的重要时期，而语言的凝练是重要标准，那么，具体来说，女孩该怎样才能让自己的语言做到字字珠玑，一出口就能说服他人呢？

1.了解你要表达的中心、重心、要点

任何问题都有中心和重点，找到了这个中心和重点之后，说话的时候才能有的放矢，才能做到什么话该说，什么话不该说。所以，迅速找准谈论的中心

是言简意赅的前提和基础。否则，眉毛胡子一把抓，只能惹人厌烦。

做到这一点，你首先要懂得透过事情的现象看本质。比如案例中，王大姐通过兄弟二人的争吵内容，从果索因，得出二人争吵的焦点是财产分配不均。

2.懂得表达，语言表达清晰、稳重、不啰唆

交谈中，语言表达的轻重缓急也是很有讲究的，该让对方听清的地方就要缓一些，不重要的信息就可以一句带过。如果张口结舌或连珠炮似的大讲一通，对方就会感到一种急迫感，从而心生不信任。

要想使说话不啰唆，其实只需捡重点说就行，其他次要的内容，要么不提，要么一言以蔽之，只有这样才能保证你的发言在最短的时间之内收到最好的效果，否则，即使你滔滔不绝地谈论半天，听众一个个都还是不知你发言的目的。

3.适时沉默

任何沟通都是双向的。赢得人心需要一个好口才，但决不可卖弄口才。有些人总希望用出色的口才让对方产生信任感，但却忽略了一点，那就是，人们通常会以为那些巧舌如簧、太能说的人是不值得信任的。适

时的沉默让对方有闲暇思考你的话，同时让对方有机会提出问题或是自己的想法，从而加深双方的交流。因而，女孩们，你在与对方交谈中不仅要有度的表现，还需要巧妙的沉默。

当然，你若希望自己在人际交往中能做到语言有震慑力，能攻破他人心防，那么，你最好在日常生活中就锻炼自己的说话能力。毕竟，世上无难事，只怕有心人。平日里多注意，多锻炼，你说话定可以达到言简意赅、字字珠玑，一出口就能击中要害的程度。为此，加强持久的练习是手段。具体来说，可以通过辩论赛、讨论会以及多参加演讲的方式来练习。

第13章

沟通能力
——好口才让女孩左右逢源

我们都知道，人活于世，无非两件事，说话和做事，十几岁更是每个女孩历练各种能力的最佳时期，其中就包括沟通能力。而所谓沟通，指的是人与人之间、人与群体之间思想与感情的传递和反馈的过程,以求思想达成一致和感情实现通畅。女孩学习一些沟通技巧，便能轻松自如地影响他人的心理，进而改善你的人际关系，全面提升你的个人影响力，最终达到你的沟通目的。

与陌生人见面，第一句话该如何说

每个成长期的女孩，到了十几岁以后，生活圈子逐渐加大，开始认识很多新朋友、新同学，自然要学习如何与陌生人沟通。那么，与陌生人见面后，第一句话该如何说呢？

事实上，我们发现，那些深谙沟通技巧的人，他们在和别人交谈的时候，能够一句话就抓住对方的心，深深地吸引对方。那些和他们交谈的人，不但愿意倾听他的讲话，还愿意主动配合，向其提供必要的信息。

究竟他们有什么本领深深地吸引这么多人呢？是天生的吗？绝对不是。要想让别人和自己进行有效的交谈，形成有益的互动，就要在见面的第一句话上下一番功夫。只要第一句话说好了，就能让对方消除心理障碍，在最短的时间之内与自己形成心理上的共鸣。

因此，女孩们，无论交谈对象是谁，第一句话应该传递出亲热、友善、贴心的信息。唯有如此，才能消除彼此的陌生感，让双方的交谈顺利地进行下去。

对此，我们不妨来学习一下以下三种方式：

1.问候式谈话

问候式谈话能够给人带来亲切感。简短的一句问候可以传递出三方面的重要信息：我把尊重送给你，我把亲切感送给你，我十分愿意和你成为朋友。当你将一句问候传递给对方的时候，就能够让对方感受到你的热情、风度以及涵养。

女孩们，你在说第一句话的时候不妨多说一些问候式的话语。多将"您好"作为问候致意的常用语。若能因对象、时间、场合的不同而使用不同的问候语，效果则更好。对德高望重的长者，应说"您老人家好"，以示敬意；对年龄跟自己相仿者，称"××（名字），您好"，显得亲切。

2.敬慕式的谈话

敬慕式的话语能给人造成贴心的感觉。不过使用这种谈话方式的时候要掌握一定的分寸，尽量做到恰到好处，不能肉麻地吹捧，在内容上也应该因时因地而异。比如："您的急公好义在这个城市里是出了名的""早就听说过您是一位著名的画家，没想到今天竟然能在这里一睹您的风采"，决不能用那些"久仰大名""百闻不如一见"之类的陈词滥调。

现代心理学认为，谁都希望别人关心自己，重视自己，如果你能够找准对方感兴趣的话题，对方就会对你产生好感，也就愿意和你交谈下去，提供你想要的信息。

在生活中，女孩在和别人交谈时，不要过多地以自我为中心，而是要在言谈之中多说一些仰慕甚至是恭维对方的话。这样的谈话能够消除对方的敌视心理，拉近彼此间的关系。

3.以攀认式拉近彼此的距离

面对任何一个素不相识者，女孩们，只要你愿意做一番认真的调查研究，就能够从中找到一些或明或暗、或远或近的亲友关系。找到这种关系之后，就要有效地加以利用，及时地和对方拉关系，套近乎，如此一来，能迅速地缩短彼此间的心理距离，让对方产生亲切感。

那些沟通高手们，都会尽力地和对方"套近乎"。比如："你家是杭州的，我的童年就是在那里度过的，说不定咱们小时候还是伙伴呢""你以前是××小学的，我也是那里毕业的。今天遇到了校友，真让人感到兴奋啊"。这种初次见面就互相攀关系的谈话方式，能够让对方对你产生亲切感，减少拘束感，也能让其愿意主动和你交谈。

实际上，和陌生人沟通并没有那么可怕，如果你选择躲避，将会一事无成。如果你能够采取主动的态度，热情地说好第一句话，亲切自然地和他们聊天，就能够赢得对方的好感，拉近彼此的距离。

巧妙寒暄，拉近距离

女孩们，在与人交往和沟通中，不知你是否遇到过这样的状况：大家似乎都不愿意主动开口而导致了场面冷清、尴尬。此时，该如何是好？其实，如果你能懂得恰当的寒暄，就能处理好这一步，使交谈气氛迅速融洽起来，你就能结识很多有趣的朋友。

可以说，寒暄是冲破心理戒备的有效方法。通常情况下，用轻松柔和的语气、缓和的语调讲出短短一句充满感情的寒暄语，就能够让对方的心情彻底放松。如此一来，就建立了一个良好的交谈氛围，对方也会知无不言、言无不尽，最后就会取得皆大欢喜的结果。

当然，寒暄并不是谈话的主题，只是进入正题的铺路石。要想让寒暄正确地发挥作用，不变成废话，就应该掌握必要的分寸，既不能没完没了地嘘寒问暖，也不能虚情假意地说几句简单的客套话。过度的寒暄，会让人在不知所云之际再度产生防范之心，简短的寒暄则和没说一样，不能起到应有的作用，对过渡到谈话正题难以产生促进作用。

另外，女孩们，寒暄并没有固定的模式，一般情况下只需注意以下几点即可：

1.要保持愉快的心情

实际上，那些人际关系好的女孩，她们都有很强的情绪管理能力，她们很少在脸上表现自己的糟糕情绪，她们不愿意让自己的心情感染到别人。因此，在与人谈话的时候，她们都能让自己保持一份愉快的心情。因为她们知道，只有表现出愉快的心情，才能让自己在谈话中占据主动地位，让对方了解自己的真诚。

的确，保持愉快的心情是尊重别人的一种表现，它可以让对方感受到你对他的尊重。另外，愉快的心情还能表现出一个人的自信与从容，能够形成强大的吸引力，也能够建立起融洽的人际关系，使彼此都不再紧张。

愉快心情下的寒暄可以表现最大的善意。比如，满脸微笑地说一句"您好，感谢您在百忙之中为我们提供帮助"，这样的寒暄方式就会让对方感到热情、亲切、温暖，自然也就愿意为你提供有效的信息。与之相反，冷若冰霜地说一句"来了，坐吧"就会让对方徒增厌恶，不愿意再和你交谈下去，更不要说配合工作了。

2.要选择一个恰当的时机

女孩们，在打招呼之前，首先要分析一下对方当时的心情，然后再决定说寒暄语的方式与心情。比如对方的心里有些不痛快，你从其面部表情上就可以判断出来，此种情况下打招呼，声音不要太大，语言也不要太热情，要低度；或用询问式的语言，同时用安慰的语气来和他寒暄。

如果对方脸上喜气洋洋，你便可热情地打招呼，使对方感觉到温暖，进而展开话题。

如果面对的是女士，语言可以热情一些，但不能太过分，也不能开一些出格的玩笑，否则的话，对方就会觉得你太轻薄。

3.要注意内容的恰当

生活中，女孩们，当你和陌生人见面的几分钟之内，一般情况下并没有太多的话题可聊，所问的问题几句话就能讲清楚。因此，在这个时候，你可能会做一般性的寒暄，比如问候、互通姓名、谈论一些无关紧要的话题等，很少会扯一些漫无边际的话题，也不会让寒暄耗费太多的时间。

当然，寒暄是为了突出自己的真诚，可以谈一些触景生情的话。毕竟，如果没完没了地问一些籍贯、住址、身世等话题，就容易造成一种审讯的假象，极可能引起对方的反感。因此，你要善于睹物生情，看到什么谈什么，这样既显灵活又可增进彼此间的关系。

另外，寒暄言语的长短、内容的繁简、往复的次数多少要与交谈双方关系的亲密程度成正比。如果你面对的是一个熟悉的人，寒暄的话不妨多说一些，因为那样更能显示出彼此之间的关系，建立起更和谐的交谈氛围。

沟通前先营造良好的氛围

现代社会，说话和沟通能力的重要性毋庸置疑，作为十几岁的女孩，也要明白，沟通能力是一个人情商高低的重要指标，俗话说，"一言可以兴邦，一言可以废邦"。善于说话的人在这个世界上能够御风而行万事顺意；不会说话的则如船搁浅滩步步难行。因此，作为女孩，可以长得不漂亮，但你一定要说得漂亮，恰当的表达、巧妙的沟通，都能让你在以后的学习、工作和生活中顺心顺意。事实上，那些优秀的女性，都有能说会道的能力，她们的必杀技是，在沟通前，先营造良好的氛围。

的确，所谓沟通，指的就是人与人之间、人与群体之间思想与感情的传递和反馈的过程，以求思想达成一致和感情实现通畅。可见，沟通一定要是双向的，这样一来一往，才能够算得上是真正成功的交流。

不过，不少女孩可能会说，与人沟通的过程中，总有些人，似乎并不领我们的情，无论我们怎么鼓励，他们似乎都羞于表达，甚至面无表情，在他们的语言词典里，似乎就只有"是"与"不是"，或者"行"与"不行"，让人觉得无法与其攀谈，让交谈显得尴尬。其实，只要你学会营造氛围，就能够在无形之中慢慢增添几分说话的自信心，找到打开话匣子的钥匙，从而赢得别人的尊重与友谊。

为此，你可以从以下几个方面努力营造好的沟通氛围：

1.摆脱陌生人情结

如果对方不爱说话，且是陌生人，那么，你不需要特意装模作样地与对方搭话，不过也要表现出你的诚意。其实每个人跟陌生人交谈时内心都会不安，一定要自己先放下陌生人情结。这样，与之交谈的时候，才会显得随意轻松，在谈话时要关注对方的表现，如果对方不感兴趣，就得停住你谈的话题了。

2.拉近关系，更易打开话匣

1984年5月，对于复旦大学的学生来说是个特殊的日子，因为美国里根总统莅临她们学校了。

当时，里根总统来到了一间容纳了一百多人的大教室，不过，他发现，现场的氛围有点严肃，然后，他开了个玩笑："其实，同学，我们还有着很密切的关系呢，以前，我的夫人南希和你们的谢希德校长都是美国史密斯学院的学生，那这样推断，我们也算很好的朋友嘛！"

简短的几句话，让大家鼓起了热烈的掌声，他也成功拉近了与一百多位异国学生的心理距离，接下来的谈话更是轻松、融洽。

里根总统的这番话，突显了他平易近人的性格，表达出了想与学生们亲近的愿望，于是，这一番话很快便营造出了和谐的交谈氛围。其实，人与人之间，都有个从不识到相识的过程，只要我们有交往的愿望并主动表达出来，那么，你就可以换来对方的亲近。

因此，女孩们，与人沟通前，不妨也学一学里根总统的这种套关系的技巧，拉近彼此间的关系，交流起来就会顺利得多。这里"套"的"关系"，可以是朋友、同学，可以是共同参加过某个会议，可以是都曾去过某个地方……总之，只要是可能拉近与对方关系的内容都可以。但是，我们还需要注意的是，千万不能提及对方不想提及的内容或者是对方不感兴趣的话题。

3.重视对方说的每一句话

那些说话妄自尊大，小看别人的人总会引起别人的反感，最终在交往中使自己走到孤立无援的地步。与人沟通，目的在于交流意见、达成共识，只有重视对方说的每一句话，才能同样赢得尊重。

4.懂得倾听，并适时反馈

沟通的过程，并不完全是说的过程。你有说的权利，但每个人都希望被倾听，这是一种自我价值的认定，而你的反馈则是倾听的最好证明。因此，只有满足对方说的欲

望，才会让人对你产生亲近的愿望。

总之，女孩们，与人沟通的过程中，让对方多说话，是营造沟通氛围的重要方式，并不会让你丧失交流的机会，反而会有助于你达到沟通目的。

第14章

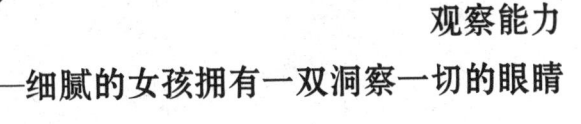

观察能力
——细腻的女孩拥有一双洞察一切的眼睛

观察力在人们的生活中起到尤为重要的作用,在科学研究、生产劳动、艺术创作、教育实践、人际交往等领域,都需要人们拥有敏锐的观察力。对于十几岁的女孩来说,此时是她们训练各项能力的关键时期,通过观察,女孩可以获得感知世界和学习的机会,可以提升思维能力和创新意识。任何一个成长期的女孩,都要在日常生活和学习中有意识地培养自己的观察能力,让自己成为认真、细心且聪明的人。

细腻的观察力，体现出智慧

我们都知道，女孩天生比男孩安静、细腻，但这并不代表作为一个女孩，就不能比男孩机智。可能很多父母认为，一个活泼的女孩很难有淑女的气质，但父母不明白的是，活泼也是一种独特的气质，只要女孩不过分好动，活泼的女孩更招人喜爱。那些活泼的女孩多半更灵敏，在生活中，她们的观察力更强，自我保护意识也更强。

1983年，美国心理学家丹·基利在他的书中描述了这样一个群体："这类人似乎永远长不大，他们希望自己永远是孩子，而不愿成为父母。他们很有趣，总是能给周围的人带来欢乐，但不得不否认的一点是，他确实有很多孩子的弱点，比如，缺乏自我保护意识、不果断、害怕被人拒绝等。因此，我们不难发现，他们的行为是与他们的年龄不相符的。当然，很多时候，这种情况并无大碍，但事实上，终有一天，他们需要参加残酷的社会竞争，生活也并不是真的那么无忧无虑，当他们意识到这一点时，也许已经晚了。"现实生活中，的确有这样的一些女孩，她们在父母的宠爱、在父母的庇护下成长，无法面临社会的残酷竞争，不

第 14 章
观察能力——细腻的女孩拥有一双洞察一切的眼睛

愿成熟起来，这种心态如果发展到极端，就成为一种心理疾病。

妞妞今年刚上初一，就在今年夏天的一天，她在公交车上做了一件善事。

这天是周末，妈妈答应带妞妞去新华书店买课外资料。中午的时候，妞妞和妈妈吃完午饭就出发了。上了公交车以后，妞妞发现，车上已经没有座位了，她和妈妈只好站着。可能是夏天大家都比较懒惰，在冷气很足的情况下，大家都迷迷糊糊睡着了。妞妞也掏出自己的MP3听起歌来。

但就在此时，她看见站在车中间的一个男人用刀划开了一位女士的皮手袋，妞妞当然想立即就指出来，但她转念一想，万一对方否认怎么办，一定要拿到证据，等对方将女士的钱包掏出来以后，妞妞赶紧大叫："大家抓小偷，就是他，穿黑色T恤的那个男人。旁边的阿姨，你看你的手提袋……"

"小丫头片子，你胡说八道什么呢？"很明显，对方紧张起来了。

"你不要抵赖了，大家要是不信的话，可以让司机叔叔把刚才车内的录像带拿出来看看，另外，那个阿姨的钱包是长款的，你的裤子口袋似乎装不下吧。"妞妞在说这句话的时候，大家瞟了一下男人，发现他的裤子口袋果然露出半截皮夹。

"这是我……我老婆的钱包。"

"是吗？那你说说里面都有什么东西？"

男人这下子不知道说什么好了，而此时，这位被偷的女士说："其实，我的钱包里只有一百元现金，哦，对了，还有张我和我女儿的照片。"

此时，男人哑口无言了，最后，不到几分钟的时间，警察就过来了。

故事中的妞妞是个机灵的女孩，在车上，她一下子就看到了站在人群中的小偷，而且，她并没有直接指出来，而是在对方已经拿到罪证后才喊抓小偷，此时，对方已经无法抵赖了。女孩们，看完妞妞的故事，你是不是也对她倍感钦佩呢？

然而，现实生活中，我们发现，的确有一些女孩，她们在家长的培养下，认知能力得到发展，而情感因素却未得到开发。为此，作为女孩自身，在成长的过程中，一定要培养自己敏锐的观察力和细心的习惯，凡事多留点心，做一个目光敏锐的女孩,你的自我保护意识在无形中自然会得到提升。

具体来说,你需要做到的是:

1.善于观察

女孩的心思都是细腻的,她们更善于发现生活中一些男孩和大人们容易忽略的问题。一个善于观察的女孩也总是能先人一步察觉到一些危险因素。因此,女孩们,当你发现你的周围有一些可疑人物时,你一定要提高警惕。

2.走出学校,多接触社会

有社会经验的女孩才是真正的智者,因为她们有更多的阅历而更懂得如何保护自己和他人。相反,一个整日把精力都放在书本上的女孩是和社会脱节的,他日,当自己遇到危险时,她也可能束手无策。

3.学会察言观色,做一个善解人意的女孩

人际关系好的女孩一般都能照顾到所有人的情绪,因为她们善于察言观色,能察觉到交往时的一些不安分因素,并懂得见机行事。

第14章
观察能力——细腻的女孩拥有一双洞察一切的眼睛

细心观察，"察人之未所察"

我们都知道，女孩天生比男孩心思细腻，她们的观察能力也更强，无论是学习还是做事，她们比男孩更细心。因此，生活中的女孩们，如果你能继续发挥自己的这一性别优势，并把这一意识融入日常生活和学习的每个小细节中，才能在未来社会克敌制胜，在竞争中脱颖而出。牛顿发现万有引力定律的故事就说明了这一点。

1665年秋季，牛顿坐在自家院中的苹果树下苦思着行星绕日运动的原因。这时，一只苹果恰巧落下来，它落在牛顿的脚边。这次苹果下落与以往无数次苹果下落不同，因为它引起了牛顿的注意。牛顿从苹果落地这一日常现象中找到了苹果下落的原因——引力的作用，这种来自地球的无形的力拉着苹果下落，正像地球拉着月球，使月球围绕地球运动一样。

很多时候，成功仅在于一个小小的细节，牛顿观察树上掉下来的苹果，发现了万有引力定律，这就是四两拨千斤。注意细节，细心观察，就能"察人之未所察"，就能以小博大，获得成功。

的确，很多青少年阶段的女孩们，都已经意识到细节在学习和生活中的重要性，但事实上，她们却很难真正做到注重细节，其中有个重要的原因就是她们没有做到细心观察。一个具有惊人的洞察力的人，做任何事情都不可能马虎、不可能粗心。所以学会观察是重视细节的第一步。

那么，具体来说，女孩们，你该如何培养自己的观察力呢？

1.会"听"

当今世界竞争日益激烈，一个人，只有真正具备"听"的能力，"听"出对方的言外之意，才能找到进一步的应对策略，才能让自己处于有利地位，并最终帮助自己踏上成功之路。

2.会"看"

聪明的人往往都是火眼金睛的，他们能看出他人的真实想法。当然看，就要学会察言观色，比如，一个人咬嘴唇和下巴，那么，这意味着什么呢？如果对方平时沉默寡言、不善言辞，一下子变得侃侃而谈，那又代表什么呢？对一个双手抱臂的人讲话，为什么他几乎一句也听不进去……

3.会"问"

一个会"问"的女孩，对周遭的一切都是充满好奇心的。通过"问"，她

第 14 章
观察能力——细腻的女孩拥有一双洞察一切的眼睛

们能得到自己想要的答案。比如，人际交往中，她们懂得投石问路，采用一点小小的计策，让他人"不打自招"。

除此之外，你还需要会"想"，不过想是观察的最后一步，无论你发现了什么，你都要想清楚，因为如果你误读了这些细节，就有可能导致一些不良后果。生活原本就是由无数细节组成的，如果不注意这些细节，你还能掌控你的生活和社交吗？

保持敏锐的观察力，第一个赢得先机

生活中，人们常说机遇难求，因此不懈努力、千方百计地去寻找机遇、创造机遇，希望借助良好的机遇为自己铺路架桥，以便顺利而迅速地实现自己的人生目标。然而，大多数人都犯过这样一个错误：只关注那些表面的、醒目的、未来的东西，对自己身边的一些潜在的、隐蔽的、细微的东西却置若罔闻，无动于衷。机遇就在眼前，却视而不见；成功近在咫尺，却如隔天涯。

十几岁的女孩们，你要明白，未来社会，你若想获得一番成就，就要懂得抓住机遇，而机遇往往就隐藏在细微处。注重这些细微的地方，避免一些小细节上的毛病，就能够抓住机遇，与成功握手。如果对一些小事小节不以为然，可能会将近在咫尺的机遇赶跑，后悔莫及，人生和事业会从此走进困境。

不得不说，一些人尤其是一些年轻人，之所以不能成功，并不是因为没有机遇，并不是幸运之神从不照顾他们，而是因为他们太大意了，他们的大意使他们的眼睛混浊而呆板，因而机遇一次次地从他们眼前溜走而自己却浑然不觉。

第14章
观察能力——细腻的女孩拥有一双洞察一切的眼睛

因此，对于这些人来说，他们要想取得成功，要想捕捉到成功的机遇就必须擦亮自己的双眼，使自己的双眼不要蒙上任何的灰尘。这样，他们才能够在机遇到来的时候伸出自己的双手，从而捕捉到成功的机遇。而那些之所以能够取得成功的人并不是幸运之神偏爱他们，幸运之神对谁都一视同仁，幸运之神不会偏爱任何一个人。

事实上，女孩们，如果你研究了那些失败者的共性，你会发现，情况往往就是这样，由于我们麻痹大意，不注重细节，在小节上犯了不应有的错误，从而使即将到来的机遇在突然之间"蒸发"，了无踪影，从而与机遇失之交臂，与成功无缘。

有一家大公司的老板看好了一位刚从名校毕业的年轻人，准备派他去欧洲培训两年，回来后再委以重任。原因是此人业务方面的知识掌握得很熟练，能力特别出众。老板感觉他很有前途，是个可塑之才，因此决定让他去海外培训。

但就在这名员工即将启程去欧洲的前几天，老板偶然发现他利用公司的电脑上网聊天，收发私人邮件，而且还下载一些与工作不相关的内容。老板一连好几天都留意该员工的举动，发现该员工有爱占公司小便宜、投机取巧的行为，于是很快做出决定，改变了送他去海外培训的计划。

这名年轻人自身条件都很优越，能力也很出众，本应拥有一个良好的前程。可惜由于他行为上的"出轨"，使老板对他的看法来了一个180度的大转弯，他的形象在老板眼中一落千丈，大好前程从此与他无缘。因为在老板眼里，一个连起码的公司准则都无法自觉遵守，甚至没有公德心的人，又怎么可能成为一名出色的员工，怎么能对一个企业高度负责呢？

成功的人之所以能每每抓住成功的机遇，完全是由于他们在生活中处处都很留心，他们具有一双捕捉机遇的慧眼，当机遇来临的时候，他们就能迅速作出反应，从而把机遇牢牢地抓在自己的手中。

女孩们，要想拥有一双善于发现机遇的眼睛，就要做到：

1.从细节入手，处处留意

捕捉机遇一定要处处留心，独具慧眼。其实只要你仔细留心身边的每一件小事，这每一件小事当中都可能蕴藏着相当的机会，成功的人绝不会放过每一件小事。他们对什么事情都极其敏感，能够从许多平凡的生活事件中发现很多成功的机遇。

2.勇敢出机遇

每个人心里都清楚，机遇并不是一朵开在花园里的鲜花，你伸手就能将它采摘，它是一朵开在冰天雪地、悬崖峭壁上的雪莲，只有那些不畏艰险，勇于攀登高峰的人才能闻得它的芳香，才能将它拥有。

所以说，生活细节确实与个人的发展密不可分，它本身就潜藏着很好的机会，只是很多时候都被忽略与遗忘而已。一旦你能敏锐地发现别人没有注意到的空白领域或薄弱环节，找准机会，以小事为突破口，让细节闪耀出光芒，那么，你的工作或学业就有可能得到质的飞跃。

第 15 章

社交能力
——女孩天生是优秀的交际家

我们都知道，男孩和女孩不同，女孩是用"关系"看待周围的世界的，她们是天生的交际家。但生活中，我们发现，很多女孩到了十几岁以后，她们都有这样的苦恼——不受同学欢迎，人缘差。的确，每一个女孩都希望自己受大家的欢迎，能融入周围同学中。为此，每个女孩都要趁早培养自己的社交能力、修炼自己良好的社交品质，进而拥有良好的人际关系。

大胆社交，培养良好的人际关系

> 他们为什么不喜欢我呢？我好想和他们一起玩……怎么才能和同学好好相处呢？好苦恼……

有人说，女孩天生就是用"关系"看待周围的世界，是天生的交际家。但生活中，我们发现，不受同学欢迎、人缘差成为困扰很多成长中的女孩的一个问题。每一个女孩都希望自己受大家的欢迎，能融入周围同学中，如何做到让别的同学喜欢你，女孩要从自身找原因，这样才能有针对性地改变自己。其实细究起来，多半是和女孩的羞怯、胆小有关系，如果你想拥有良好的人际关系，首先你就要敢于走出去、敢于参与人际交往。

周五的最后一节课，语文老师给大家布置了一篇话题作文——我最烦恼的事。第二周的作文课上，老师点评了一篇作文，是来自班上一个学习成绩较好的女生的，其中有这么一段：

"我是一个女生，性格还是比较外向的，长相虽然算不上出众，但是自我感觉还可以。学习也不错，班里前十名，可是就是人缘不好，可能是我比较好强，看到别的女生周围一堆男生女生和她说话，我就有点不自在。女生还好点，尤其是男生，好像都很反感我，看到他们和别的女生闹我也想去玩，可是却不知道怎样加入他们。听我一个好朋友跟我说，她的同桌跟她说比较反感我，也没有说原因，还说不许我那个好朋友告诉我。虽然我是知道了，可是我很无奈，也许是因为我说话的缘故吧，因为我真的不知道该怎样和男生们交谈，怎样才能让别的同学喜欢和自己说话，有共同语言。我到底该怎么办？"

恐怕很多女孩都有类似的苦恼，想与人交往，但又不敢迈出第一步，生怕被人笑话。其实，心理障碍是造成你人际关系不好的重要原因。社会心理学家经过跟踪调查发现，在人际关系交往中，心理状态不健康者，往往无法拥有和谐、友好和可信赖的人际关系，在与人相处中，既无法得到快乐满足，也无法给予别人有益的帮助。孤芳自赏就是不健康心理的表现之一，而究其原因，不外乎胆怯、害羞、自卑等原因。事实上，只要你大方一点，敞开闭锁的心扉，摆脱孤僻的烦忧，你就能找到交往的乐趣。

人际交往是一门学问，女孩到了十几岁以后，更要培养自己的社交能力，这是积累人生阅历和社会实践能力的重要能力之一。拥有良好的交往品质是交往的前提，女孩应该把心打开，让自己融入集体，让自己人生的重要时期多姿多彩！具体说来，你需要做到：

1.自信

人际交往中，人们总是喜欢和那些自信的人打交道，因为他们总是能表现出落落大方、不忸怩作态的气质。当然，一个人要培养自信，就要善于"解剖自己"，发现自己的优缺点，但不能妄自菲薄，而应该在认可自己优点的同时不断完善自己，只有这样才能积累自信。

2.完善个性品质

每个女生都希望自己可以落落大方,让同学喜欢自己,其实,只要女孩拥有良好的交往品质,走出恐惧的第一步,就能受到同学的喜欢,慢慢地,心结也就能打开了。"人之相知,贵相知心"。真诚的心能使交往双方心心相印,彼此肝胆相照,真诚的人能使交往者的友谊地久天长。

3.正确评价自己和他人

孤僻的女孩之所以孤僻,是因为她们不能正确地评价自己,她们要么自命不凡、认为自己高人一等,要么认为自己不如人,怕被别人看不起、嘲笑,以至于把自己紧紧地裹起来。如果你是个孤僻者,你就需要正确地认识别人和自己,多与他人交流思想、沟通感情,享受朋友间的友谊与温暖。

4.尝试信任他人

美国哲学家和诗人爱默生说过:你信任人,人才对你重视。以伟大的风度待人,人才表现出伟大的风度。人际交往中,信任是相互的,如果你总是怀疑他人的动机和言行,那么,你也无法获得信任。而信任就是要相信别人的真诚,理解别人,而不是相互设防、口是心非。

乐于分享，做人见人爱的小公主

分享，是指将自己喜爱的物品、美好的情感体验及劳动成果与他人共享的过程。"分享"意味着宽容的心，意味着协同能力、交往技巧与合作精神，这些都是一个女孩应具备的重要素质。人生在世，我们每个人都需要和别人分享。分享快乐，分享痛苦，这样对自己有好处的同时，对别人也有好处，就是现在说的"双赢"。

可实际上，生活中，很多女孩都处于"四二一"家庭氛围，父母、祖父母及外祖父母的呵护使她们的自我意识观念增强，吃要吃好的，穿要穿好的，玩要玩高档的玩具，家中一切必须以她的情绪变化和要求为中心，如果达不到要求，动辄耍脾气，这样的女孩很难有知心朋友，其行为还会令大人厌烦。因此，如果你想做一个人见人爱的小公主，你就必须要懂得分享，分享是与他人合作的开始。要知道，一个只会独享的人，是不懂得分享的快乐的。

我们先来看下面一个故事：

第二次世界大战期间，有个叫多克的志愿者，他在野战医院工作。

战争是残酷的，尤其给士兵们带来了生命危险，在野战医院这样的地方，多克看到了很多重伤的士兵，不过，他为这些士兵带来了希望。

为了给予伤员战胜痛苦的力量，多克在医院的墙上写了一句话："没有人会在这里死去。"他的行为引起了人们的注意，大家都看到了这句话，同时，都记住了这句话，伤员们为了不让这句话落空而坚强地活着，众多医护人员对伤员也给予精心的照顾，大家对战胜死神充满了信心。

多克的那句话给大家带来了信心，带来了战胜痛苦的力量，最后，伤员们都康复出院，重返战场。

"二战"结束后，多克离开了医院，成为了一名邮差，他坚信自己除了给人们带去邮件之外，还能够给人们传递快乐。因此，在送邮件的路上，他总是在随身携带的纸条上写上一些鼓励人心的话"别烦恼，今天是个不错的日子""笑口常开"等。在他所到的地方，都给人们带去了快乐。

故事中多克对于希望的分享给战友带来生命，对于祝福的分享给人们带来快乐。

培根说："如果你把快乐告诉一个朋友，你将得到两份快乐。"当你将快乐与他人分享，这本身就是一件很快乐的事情。当我们心中只有自己的时候，我们已经忘记了分享。但是，当快乐来临的时候，假如只有自己一个人体会到了，那只会让你觉得孤单。同样的道理，如果身边的朋友有了快乐，他也会对你关闭"分享之门"，我们到最后就只剩下了孤单。所以，在生活中，我们都不要以自我为中心，有了快乐要乐于与大家分享，因为与他人分享快乐本身就是一件快乐的事情。

的确，在现实生活中，自私、不愿意与人分享的女孩并不少见。这虽然不是什么大毛病，但如果是一个什么都不愿与他人分享，独占意识很强的人，是很难与他人形成良好的人际关系的。所以，从女孩自身角度讲，从小克服自私的性格缺点，培养与他人分享的意识很重要。

女孩，培养自己的分享意识，你需要努力做到：

1.找到自己不愿与人分享的原因

一般来说,女孩不愿意与人分享,原因有三:一是现在的孩子都是独生子女,在家庭生活时,没有需要她们伸手帮助别人的这种氛围;二是她们缺少替别人着想的意识;三是她们受教育的程度还不够,使得她们还不能够真正从思想上认识到自己身边还有他人,应该多替他人着想,找到原因,才能在日常生活中对症下药,加以解决。

> 我不想与他人分享。我觉得应该多为自己考虑,其他人怎样不关我的事。

2.从分享物质开始

就是分享糖果、糕点、图书等物品,还可以在自己生日那天,邀请朋友们一起来分享生日蛋糕,从而从中学会分享,体验分享的快乐。

3.分享快乐

女孩们,即使你是父母眼中的小公主,你也不要总是一味地享受,满足欲望,而不履行义务,你要明白欲望的满足和履行义务是同等重要,如有好吃的,不是独自一人享用,而是主动与他人

分享。这样，你才会养成尊重长辈，关心别人的习惯，而不会事事只想到自己。总之，你要明白，一个好女孩是懂得与人分享的女孩，而不是自私自利的女孩。

第15章
社交能力——女孩天生是优秀的交际家

学会给予，别一味地索取

我们都知道，人与人之间的交往都是相互的，你怎样对待他人，他人就会怎样对待你，如果我们只想拥有、占便宜而不想给予，那将是一个自私的人，而自私的人是不会拥有真正的朋友的。

青少年阶段是每个人的人格砥砺和品质形成时期，每一个处在这个阶段的女孩都要学会付出，有时候，你对他人的一次举手之劳，不仅成全了他人，也成全了自己。

的确，女孩天生是优秀的交际家，女孩的情商天生就很高。情商，现在越来越被人们所重视，人际交往能力在当今社会中更是起着重要的作用。女孩有没有社会交往能力，是她以后生存的重要方面，社会交往能力强者更容易走向成功。随着社会的进步，现在女孩的成长环境越来越优越，生活内容也非常丰富，这使女孩有了更多在外表现的可能，可是作为女孩的你，该怎样更加顺利地融入新的团体中，从而做到学习好，能力强，同时，人缘也好呢？你首先要做到的就是主动付出，有付出才会有收获。

然而，我们不得不承认的是，在我们的生活中，就是有一些爱占便宜的女孩，她们自私自利，什么都先考虑到自己，从小到大在家里只知道向大人索取，不知道帮大人分忧，走向社会后也会只想让别人照顾她，不知道主动去关心照顾别人，一旦自己的愿望得不到满足，就会无比气愤甚至于走向极端。这样的人，从个体来讲是不受社会欢迎的，从群体来讲则会缺乏沟通、缺乏谦让，最终势必不利于整个社会的和谐和发展。

我们每个人，都是一个独立的自我，但同时，也生活在一定的社会集体中，我们的身边，还有朋友，还有共事者，还有很多人，我们不可能脱离集体而存在，为此，我们在向社会、他人索取的同时，也要学会奉献、懂得感恩！青少年阶段的女孩们，你也必须要认识到这一点，你若想获得他人的支持，赢得友谊，就必须从现在起，学会给予，因为一味地索取，只会让你的朋友离你而去。

具体来说，你需要做到的是：

1.学会主动让出物质，让自己变得慷慨

遇到行乞者，你会施舍吗？学校组织的捐款活动，你会参加吗？你可能会想，为什么要付出？钱可以给自己买玩具、可以买衣服等，付出了就没有了。但一个人若连物质都不愿意付出，又怎么能奢求别人爱你？

2.不仅要学会在物质上付出，更要懂得关心他人

对待朋友上，不要总是苛求朋友在金钱物质上的付出，交往中尽量主动地给予知心好友各种帮助。主动地在精神上和物质上帮助他人，有助于以心换

心，取得对方的信任，巩固友谊关系。尤其当别人有困难时，更应该鼎力相助，患难中知真心，这样做最能取得朋友的信赖和加强友好情谊。

3.学会体验爱、学会给予爱

其实，这才是学会付出和给予的最终目的。什么是爱？父母对你的养育是一种爱，他人对你的一次帮助也是爱的行动，学会感恩，你就能体验并懂得爱。有了对爱心的认识以后，必须采取行动，行动是关键的一步，例如，别人生病了，应去看望他，同学摔倒了，应把他扶起来。

"送人玫瑰，手有余香。"总之，学会给予，才能收获幸福；懂得付出，才会有更多的回报。

第16章

记忆能力
——超强记忆是女孩高智商的表现

每个女孩到了十几岁以后,就要面临繁重的学习负担和压力,且有了升学任务,此时,女孩们最重要的任务就是学习,记忆力强的女孩往往更聪明,学习效率更快,不过单纯地注重当时的记忆效果,而忽视了后期的保持和再认,同样是达不到良好的效果的。因此,我们每个女孩都要有针对性地进行记忆力的训练,先要掌握一定的记忆理论知识、找到适合自己的记忆方法,才能开启你的超强记忆能力,牢牢记住知识点。

女孩的学习离不开记忆

多背一些课文和生词。

任何一个女孩，到了十几岁以后，都开始有了升学压力，对于她们来说，最重要的就是学习，学习是女孩获取知识的重要途径，并且，如何获取好的学习方法、提升学习效率，是每个女孩都在寻求的答案，女孩要想善于学习且有较高的学习效率，前提是必须要有个好的记忆力。

所谓记忆，指的是经历过的事物在头脑中保持和重现的心理过程。有没有记住，主要看能不能再认，能不能回忆和能不能复做。记忆是一个复杂的系统工程，"记"和"忆"是两个不同的过程，记是把知识输入存储到大脑的过程，忆是从脑中调取输出所需信息的过程。孩子学习知识，不仅要将知识记在脑海中，更要有运用知识的能力，这就更强调记忆的重要性。

记忆是人类认识和改造世界的基础，是人类智力活力的一个重要组成部分。每个正常人都具有记忆的条件和能力，都在天天和记忆打交道，都在自觉或不自觉地记忆。

对于学习阶段的女孩来说，学习更离不开记忆。记忆在学习中起着至关

第 16 章
记忆能力——超强记忆是女孩高智商的表现

重要的作用。无论是接受间接知识或积累个人的直接经验,都离不开记忆。同时,记忆离不开人们认识客观事物、改造客观世界的实践活动。一个人所具有的记忆力如何,关键还是靠实践中磨炼提高。不同年龄的人宜采用不同的记忆方法,不同的记忆内容可采取不同的记忆方法,不同的环境条件下应采取不同的记忆方法。

法国作家伏尔泰说:"人,如果没有记忆,就无法发明创造和联想。"记忆在智力活动中的作用更是毋庸置疑的,对于学习阶段的女孩来说,无论是背单词、背课文,还是记忆数学定理等,都涉及记忆,具体地说,记忆的作用主要有以下几点:

1.提升学习效率更需要记忆

如果你记忆力强,那么,你的头脑中就有一个"数据库",在这个"数据库"中,蕴藏了很多有价值的信息,在新的学习活动中,当需要某些信息和知识时,就能从"数据库"中调出来,从而保证学习和思考活动顺利且快速进行。

2.思考问题离不开记忆

在学习中,解答任何一道题,都需要记忆,一旦离开了记忆,思考就无法进行,问题也自然解决不了。

比如,你做一道数学题,证明某个论点正确,但是在解答的时

候，却将判定公理或者定理忘记了，此时自然就无法解题了。

思维是建立在概念的基础上的，而概念是需要记忆的，很多情况下，思维无法进行时，往往是因为忘记了概念，然后，在翻找了以后，思维又能继续进行。

已经在头脑中被感知过的事物如果不能再现，那么，思维也自然无据可依了。

可见，任何一个女孩，如果想要提升成绩，从而获得知识，都要重视记忆的作用。当然，记忆绝对不是对知识的死记硬背，并且，随着学习程度的加深，死记硬背更不能提升学习效率和效果，尤其是随着学习课程的深入。只靠这种最原始的死记硬背的方法，除非你是天生的记忆天才，不然是没办法记得住那么多知识点的，毕竟单一个历史教材就有上百万字，知识点有上千个。

要想记得牢，复习要做好

学而时习之
——孔子

可能很多女孩在学习中常被家长和老师教导要认真复习，因为熟能生巧，对某个知识点的不断巩固能加深我们对该知识的印象，我国大教育家孔子主张"学而时习之"，说的就是这个意思。

对于知识，要想记住，光弄懂还不够，还要及时复习，否则就会逐渐忘记。在这里还要认清一个问题，学过的东西，虽然忘了，但并不是彻底忘了，如果加以复习，由于过去曾经学习过、理解过，当学习的内容重新出现在眼前时，就会产生"再认"的作用，因而有可能迅速地回忆起来，即使回忆得不完全，再学习一遍，也比第一遍学习要容易些。因为学习过的东西在大脑里终究已留下了痕迹，这种痕迹在一定的条件下还是可以恢复的。所以学过的东西一旦忘了，不要认为过去的工夫就白花了。

那么，女孩们，该如何复习才有较好的效果呢？对此，教育专家提出了几点建议：

1. 及时复习

心理学的遗忘规律告诉我们：识记一结束，遗忘就开始了。遗忘的进程是先快后慢，先多后少。据此，学习结束后要及时复习，趁热打铁。学习后在当天内复习一刻钟往往比一星期后复习一小时的效果更佳。特别是对外语单词、符号、公式等意义不强的学习材料更需如此。及时复习犹如加固大厦，待大厦倒塌了再修补则为时晚矣。

2. 睡前复习

研究表明遗忘的原因之一是活动的干扰妨碍了记忆。国外有人（Jenkins和Dallenbear，1924）就做了这样的实验，让两名大学生识记同样的内容，一个人熟记后睡眠，另一个人熟记后仍进行日常活动。结果表明后者的遗忘程度远远高于前者的遗忘程度。这是因为后继的日常活动干扰了前行的识记内容，睡眠则无此干扰。因此，若能在每天睡觉前坚持用一刻钟时间将当天学习的重要内容回顾一下，定能取得满意效果。

此外，清晨复习十几分钟也能取得类似效果，这是因为睡前复习无后继活动干扰，清晨复习则无前行活动干扰。若能既坚持清晨复习，又保证睡前复习，当然效果更好。

3.分散复习

遗忘规律告诉我们，及时复习并不能完全解决遗忘问题，还需要不断地定时复习。研究表明在定时复习时分散复习优于集中复习，即一次复习两个小时，不如分为四次，每次复习半小时效果为好。此外，随着复习次数的增多，定时复习的时间间隔可逐步延长。

4.试图回忆

有许多女孩复习时习惯于一遍又一遍地读，实际上这是一种少、慢、差、费的复习方式。研究表明，有效的复习应多以试图回忆方式复习为好。即在阅读材料几遍后，就掩卷而思，尝试背诵，实在回忆不起的地方再重复阅读、尝试背诵。如此反复循环，直到记牢为止，且将全部练习时间的80%用来试图回忆，20%用来诵读的效果更佳。这种方法之所以能提高复习效果，主要是充分调动了思维的积极性，增强了学习反馈；避免了反复阅读、平均使用力量、被动接受知识的状况。

5.过电影

"过电影"就是指把所学主要内容、难点内容在脑中逐一闪现，全部回忆一遍。若能顺利、清晰过完电影，则说明掌握的知识比较牢固。若过电影卡壳，或若隐若现，则说明这些知识有待进一步复习。若在考试或测验之前，以过电影方式进行心理彩排，不仅可自我考察学习的效果，而且顺利地过完电影，成竹在胸，有助于增强信心。"过电影"通常是进行阶段复习或总复习的一种有效方式。

已经记住了的外语单词、外语课文、数理化的定理、公式等，隔了一段时间后，就会遗忘很多。怎么办呢？一个重要的方法就是学习后及时复习。

可见，在学会和记住了某些知识后，一定要进行及时复习，以加深和巩固对学习内容的理解与记忆，使大脑的神经联系得到强化。关于复习，要坚持课后复习、阶段复习、期中复习和期末复习，是与遗忘作斗争的有效对策，是很必要的学习活动。

第 16 章
记忆能力——超强记忆是女孩高智商的表现

女孩要了解的增强记忆力的9种方法

> 文言文，英语单词，完全背不下来啊！

12岁的晓晓今年刚上初中，课业负担一下子重了很多，她在数学、物理这些科目上还好，但一些文科，比如语文、英语、历史、地理等科目，就头疼了。太多需要背诵和记忆的单词、地理名、文言文等，她经常第一天把这些知识点都记住了，但第二天就忘记得干干净净，一到考试更是想不起来。

为此，晓晓决定找妈妈谈谈，看看妈妈能不能给自己出点好主意。

妈妈告诉她："我很高兴你能来找我，你刚升入中学，初中生的快节奏学习方法你还没有习惯，也有太多的知识点需要你去记，要问什么好的记忆方法，我只能说，每个人的记忆方法都不同，不过我也有一些建议，希望对你有帮助……"

和案例中的晓晓一样，记忆力差是很多女孩在学习中苦恼的事情之一，课上老师传授的知识很快就忘记了，有时候一个单词本来已经熟练地记下了，可很快就忘记了；做事丢三落四。这就是记忆力差，事实上，记忆力也是可以增强的。

203

以下是女孩们可以学习的几种记忆方法：

1.兴趣学习法

兴趣是最好的老师，这话并不是毫无根据的。如果你学习毫无兴趣，那么，即使花再多的时间，也是徒劳，也难以记住那些知识点。

2.主动学习、主动记忆

作为学生，如果想获得好的学习成绩，就要自主、自觉地学习。一个学生，只有把学习当作自己的事情，知道读书不是为了家长许诺的某种物质奖励，不是为了父母的面子，而是为了自己成长的需要时，她读书才有一种内在的、持续的动力。

3.理解与记忆双管齐下

理解是记忆的基础。只有对知识点加以分析，然后理解，真正了然于心，才能记得牢、记得久。仅靠死记硬背，则不容易记住。对于重要的学习内容，如能做到理解和背诵相结合，记忆效果会更好。

4.集中注意力学习

其实,课堂上的时间是最好的学习和记忆时间,充分利用好了课堂时间,课后只要稍花时间,加以巩固,就能真正获得知识。相反,如果精神涣散,一心二用,就会大大降低记忆效率。

老师,这段我会背!

5.及时复习

遗忘的速度是先快后慢。对刚学过的知识,趁热打铁,及时温习巩固,是强化记忆痕迹、防止遗忘的有效手段。

6.多回忆,巩固知识

要真正将某项知识记牢,就要经常性地尝试记忆,不断地回忆,这一过程可使记忆错误得到纠正,遗漏得到弥补,使学习内容难点记得更牢。

文言文

英文单词

7.读、想、视、听相结合

我们可以引导孩子同时利用语言功能和视听觉器官的功能，来强化记忆，提高记忆效率，比单一默读效果好得多。

8.科学用脑

我们不但要保证孩子有足够的营养和休息时间、体育锻炼等，还要让她们学会科学用脑，防止过度疲劳，保持积极乐观的情绪，这样做能大大提高大脑的工作效率。这是提高记忆力的关键。

9.掌握最佳记忆时间

一般来说，上午9～11点，下午3～4点，晚上7～10点，为最佳记忆时间。利用上述时间记忆难记的学习材料，效果较好。

第17章

想象能力
——想象力让女孩插上智慧的翅膀

我们都知道，未来社会，创造力是衡量人才的重要标准，而对于学习阶段的女孩来说，创造力是学习的动力，是重要潜能之一。其实，每个女孩都天生具有天马行空的想象力，不过想象力需要进一步开发才能给女孩的创造力带来无限潜能，因此，每个女孩都要在生活中注重培养和锻炼，把这种想象潜能转化为一种智慧和能力。

想象力让女孩的智慧插上翅膀

爸爸，这个很奇怪……

在提到想象力这一问题时，可能不少女孩发现自己更善于接受已定的计划。而正是这种想象力的缺乏，让你的思维能力的发挥受到限制，不利于你今后的发展，因为在当今社会，常规思维已经被淘汰，循规蹈矩意味着失败，相反，敢想、敢做的女孩才能在人群中脱颖而出，才能创造性地完成自己的人生目标。

每个女孩要清楚地认识到，所有的想象都必须建立在现实的观察之上，没有一个人的想象力能离开他对现实世界的观察和联想。那么，女孩要培养自己的想象力，首先就必须培养观察能力。

其实，每一个女孩，也都是善于想象的，因为女孩天生比男孩细腻，比男孩更喜欢观察，小时候，当你对外在世界不理解时，你会询问父母，父母的解释就成了你眼中的真理。而到了十几岁，当你有疑问时，你会选择自己求知，求知欲的增强会激发你想象，这也会让你的形象思维能力得到增强。人们也常说："世界上最善于想象，最富有想象力的就是儿童，因为他们的心

第 17 章
想象能力——想象力让女孩插上智慧的翅膀

未受到任何框框的禁锢。"因此,对于自我意识渐强的青少年阶段的女孩朋友,要想培养你的形象思维能力,你就必须开发你的大脑,让你的思维插上想象的翅膀。

女孩们,可能在学习中,你经常会遇到一些思维上的死胡同,你找不到解决的方法,但实际上,方法总比问题多。只要你愿意开动你的大脑,愿意发挥想象的空间。

事实上,人们都不愿意开动脑筋去寻找方法,因为这是一件伤脑筋的工作,于是,为了保险起见,人们更愿意使用前辈们已经传授给我们的方法和经验,而这却容易使得我们陷入思维的惯性中,即按固定的思路去想问题,而不愿意换个角度、换种方式去想,拘泥于某种模式。这样不仅不利于问题的更好解决,更阻碍了我们的思维活性。而从创造力培养的角度看,如果你能做到毫无顾忌地大胆挥洒,会有利于你的即兴联想和创作,也在无形中养成敢于创新、勇于冲破思维定式的良好习惯。

然而,女孩们一定要注意,创造性想象并不是一种虚无缥缈的空想。也许你喜欢在虚无的、令人痴迷的世界里漫游,这是因为你被一种世界上从不存在的东西给吸引住了,但这些虚无缥缈的东西并不能代表真正的想象力。要知道,真正的想象力都是有现实依据的,没有任何一种想象能够脱离现实而独立存在,一旦脱离就很容易变成空想,如果你每天沉浸在这样的空想状态,神情就会变得恍惚虚幻,长大以后比较容易与现实社会格格不入,很难在社会上正常生活。

209

总之，成长期的女孩们，想象力能为你思维的飞跃提供强劲的推动力。因此，在生活中，你要经常发现问题并提出问题，然后通过猜想来打开思路，发挥自己的想象力。

创造力的产生源于想象力

相信任何一个女孩都知道，科研工作者从事一项研究时都要力求创新。而创新是思维的结果。一个人只有敢于打破现有的固定模式，才可能创造出奇迹。而奇迹不是每天都会发生的。想要奇迹发生，还要看你的行为标志和思维状况。那么，生活中的你，你是甘于平静，还是让生命充满色彩呢？如何才能产生创造力呢？

在创造力产生的过程之中，最可怕的是想象力的贫乏。可以这样说，人的一切发明与创造都源于想象力。一个人一生的成就，全归功于他能建设性地、积极性地利用想象力。有与众不同的想法，才能有与众不同的收获。因此，任何一个女孩，都应该学会在日常生活中多开动你的大脑，培养自己的创造性思维和创造力。

稻盛和夫是日本京瓷公司的创始人，刚开始，和稻盛和夫共事的是他的一个大学同学，这位同学和部下辛苦了数月反复实验探索，终于完成了一个产品。但是，当稻盛和夫看完产品后，却冷淡地说声"不行"便退回给他了。

"为什么？产品性能完全符合客户要求。"

"不对。原来我期待的比这水平更高。首先颜色就不鲜亮嘛！"

"你如果也是技术人员，就请不要说'颜色不鲜亮'这样感性的话。这是工业产品，你不更科学、更合理地评价就太糟糕了。"

"不管感性与否，反正我想象中的就不是这样不鲜亮的陶瓷。所以不行！"稻盛和夫命令他重做。尽管他十分清楚先前同事所吃的苦头以及被退回的怒气。但是，不管怎样，反正做出来的结果和他先前想象的明显是不同的。于是，经过多次重做，他们终于成功烧烤出理想的产品。

稻盛和夫认为，不惜一切，努力创造出"尽善尽美"的产品，这对于以创造为目标的人来说是非常重要的，甚至是一种义务。

从稻盛和夫的经历中，我们可以得出，创造力的产生源于想象力。

若培养自己的创造性思维和创造力，女孩们，你需要从以下几个方面努力：

1.发散思维的获得

通过联想能力的训练，可以锻炼发散思维。你应当引导自己从事物中获得某种启示、感悟，比如在写作文时提高思想认识，深化作文主题。这不仅是对自己思维的训练，也是一种德育。

2.抽象思维的获得

你可以自己进行一些奇数或偶数数列和递减数列的训练。比如，要求他在5、7、9、10、11、13、15这七个数中去掉一个多余的数。看自己能否从这个奇数数列中挑出那个多余的偶数10。这种数的概括推理方法，对于已经青春期的你是轻而易举就能掌握的。

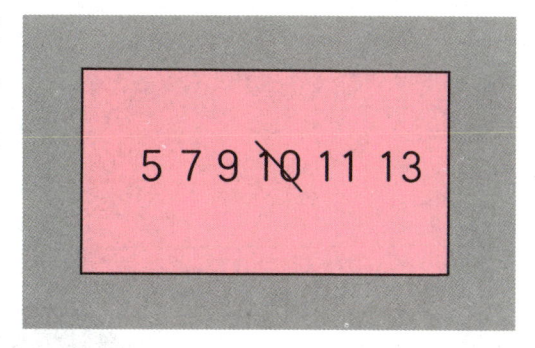

3.逆向思维的获得

逆向思维是创造性思维中的主要部分，逆向思维有两大优势：

逆向思维的优势一：在日常生活中，常规思维难以解决的问题，通过逆向思维却可能轻松破解。

逆向思维的优势二：逆向思维会使人另辟蹊径，在别人没有注意到的地方有所发现，有所建树，从而制胜于出人意料。在日常生活中积极主动地运用逆向思维，则能够起到拓宽和启发思路的重要作用。当你陷入思维的死角不能自拔时，你不妨尝试一下逆向思维法，打破原有的思维定式，反其道而行之，说不定就会眼前一亮，豁然开朗。

事实上，任何一个女孩，在未来都逃不过未来社会激烈的竞争。而任何竞争不仅需要胆魄和勇气，更需要思想和智慧，需要变通，而没有想象力和创造力都是可怕的，都只能走别人的老路，甚至以失败告终。

想象力不是纸上谈兵，女孩要多动手和实践

人类社会发展到今天，是否拥有动手能力和创新精神已成为一种判定人才的标准，这更是一种时代精神，作为新时代未来接班人的女孩，应该奋斗进取、锐意改革，而不是故步自封、顽固不化。但想象力如果只是纸上谈兵，那么，所有的想法都只是空中楼阁。为此，每个女孩，在开发自己想象力时，都要多动手、多实践，去经历自己的成功和失败，将来你才能独立地创造自己的明天！

那么，我们该如何训练孩子的动手能力呢？

1.自己作出决定或承担责任

当今，我们国家已向世界敞开了大门，每个女孩面临的是信息激增、竞争激烈的时代。因而，每个女孩都要在实践中增强"参与"能力，培养自己思维敏捷、善于独立思考和应变的心理素质。

2.扩大生活范围，养成独立观察和认识事物的习惯

一些女孩因为生活范围过小，她们的想象力和主动性都被限制了，她们也习惯了一切坐等父母安排，生活自理能力差，遇到新环境、新情况就不知所措。所以，经常参加一些活动，有助于女孩在心理上摆脱对父母的依附，同时可以开阔视野，增长见识，培养责任感、事业心、钻研精神和独立能力等。

3.多参加社会实践

十几岁的女孩已经有了一定的独立能力，可以参加一定的社会实践活动了，但参加社会实践，绝对不是什么形式主义，更不是走过场。可能一些女孩会认为参加社会实践会影响自己的学习，那只能说明她们把学习的概念理解得太狭隘了。真正的知识是对于一种事物发展规律的正确认识和经验。如果什么社会生活的经验都没有，那她的所谓知识只能是书本上的"死"知识，而不是生活中真正的知识，这样的女孩也决不能自立，更别说经受得住社会的洗礼了。

走向社会是每个女孩必将经历的人生课题，参加社会实践，能让女孩在成长道路上既开拓视野，又增长智慧，最重要的是，能通过亲身感知社会现实状况，从而珍惜现在的生活，在富养中逐渐独立起来，形成良好的品质和人格。

社会实践活动有很多，比如，你可以在假期做一些服务性行业的零工，如

送报纸、当小保姆、售货员、售票员等，因为这种服务性行业的打工对体力要求不大，只是对工作态度有一定要求，更重要的是这些工作可以与各行各业的人打交道，同时又可以获得一定的报酬，让学生很容易获得一种成就感并体会到劳动的乐趣。在工作中，通过扮演不同的角色，可以亲身体验工作的辛苦，这样不但可以体会到父母的不易，并由此对父母更加尊敬和爱戴，自然而然地产生一种感恩意识，而且还可以培养自己勤俭节约的意识，改正乱花钱的坏习惯。从细小的工作中，还可以收获很多东西，可以体会到艰苦奋斗的精神，做事认真负责的态度；可以体会到为别人服务的乐趣，更能尊重和珍惜别人为自己服务所做的工作，还可以激励自己好好学习，争取更大的成功。

第18章

情绪管理能力
——优秀女孩总能做情绪的主人

我们知道,人都是情绪化的动物,相对于男性和成熟女性来说,成长中的女孩更易情绪化。作为一个十几岁的女孩,你需要学习的社会经验和专业知识有很多,但前提是你必须学会控制自己的情绪。一个女孩,学会了控制自己的情绪,就能找到自信的源泉,就能走向优秀、成功的彼岸。同样,也只有善于控制情绪,才能找到开启快乐的钥匙,拥有幸福快乐的人生。

女孩学会把好情绪带给别人

我们都知道，女孩天生比男孩更善良、更富有同情心，更容易对周遭发生的不公正事情产生情绪，情绪也更容易被感染。所以，每个女孩都应该有自己的主见，才能避免被他人的坏心情影响。这里的"感染"是指通过语言或行为引起别人相同的思想感情。生活中情绪的感染总会在经意和不经意中影响着人的生活。人生坎坷，不会总是一帆风顺，生活中有太多太多的不如意，不如意的事会或多或少地感染着每一个人，让人无法回避。坏情绪总是在有意无意中影响着他人的生活，那么，女孩们，你何不反过来想一下，当他人情绪不好的时候，你是否也可以通过传达自己的好情绪的方法，让他人快乐起来呢？

女孩们，你要明白的是，当遇到别人处于坏情绪时，你需要做的不是与他动粗，"以暴制暴"，而是用健康的情绪去感染他，转移他的注意力，引导他产生愉快的心情。实验表明，人们在相互交流接触时，情绪会通过手势、语言、眼神等方式传递给他人。我们如果能安抚别人的情绪，将自己的快乐传播给他人，将是一件很有意义的事情。

那么，你该如何把好情绪传染给他人呢？

1.先让你自己变得快乐起来

每天早上起床时，你都可以这样暗示自己："今天将是美好的一天！"并让这个自我激励深入潜意识中。当你在奋斗过程中精神不振的时候，这样的潜意识就会引导你采取热情的行动，变消极为积极，焕发奋斗的活力。

2.体谅他人的情绪

要感染他人，首先就要理解他人。比如，他人对你不友好，或许他原本无心，只是刚刚遇到了不顺心的事，当时正在气头上，而我们无意中做了他的"出气筒"。对这样的情形，我们不必往心里去，尽量宽容为怀，体谅他人。

3.表达你的热情

你不要指望冷漠的态度会起到感染他人的作用。热情与快乐是一对连体婴儿。对方在感受到你的热情时，自然也就对你敞开了心扉，也会逐渐接受你传达给他的情绪。

4.幽默

幽默是一种特殊的情绪表现，也是人们适应环境的工具。具有幽默感，可使人们对生活保持积极乐观的态度。许多看似烦恼的事物，用幽默的方法对付，往往可以使人们的不愉快情绪荡然无存，立即变得轻松起来。

其实，我们不难发现，那些快乐的人，他们总是有更多的朋友，更有号召力，这就是快乐的影响力。因此，我们也要学会将自己的喜悦分享给他人，于人于己，这都是一件很有意义的事。

5.让你的微笑活泼一点

实际上，微笑是人类与生俱来的本能，然而，可惜的是，这一本能却常常由于各种原因被人们搁浅、关闭甚至遗忘。

如果你的微笑可以活泼一点的话，将更能表现你的真诚与快乐。当你对别人说"谢谢"的时候，要真心实意，言必由衷。你说的"早安"要让人觉得很舒服，你说的"恭喜你"要发自肺腑，你说"你好吗"时的语气要充满了深切的关怀。一旦你的言辞能自然而然地渗入真诚的情感，你就拥有了打动他人的能力了。

总之，每个成长中的女孩，不但要做自己情绪的主人，还要用好情绪影响周围的人。人生苦短，何必让他人承受你的负面情绪，你应该做的是带着笑脸回家，用开心和快乐去感染家人，感染同事，感染朋友……尽情享受生活的甜蜜与温馨，远离一切不快情绪的感染，给家人一份快乐，给同事一份快乐，给社会一份快乐。

女孩学会用欣赏代替对他人的嫉妒

我们不得不承认的是，女人是爱比较的动物，也更容易有嫉妒心理。哪怕是十几岁的女孩，她们也有可能会对那些学习成绩比自己好、长得漂亮的人产生嫉妒的情绪，但妒火只会让你陷入自生自气的情绪中，对你的成长和历练毫无益处。而如果你能学会用欣赏的眼光看待他人，你就能避免因嫉妒而产生紧张的人际关系，也能帮助你找到自身的不足，进而不断提升自己。

古时候，有个叫刘伯玉的人，他的妻子段氏是个典型的妒妇。一次，刘伯玉在看完曹植的《洛神赋》后，不禁赞扬洛神之魅力，但没想到，段氏听到后，非常气愤地说："君何得以水神美而欲轻我？我死，何愁不为水神？"原本刘伯玉以为这只是气话，但谁知道，她真的投水了。后来，人们便把段氏投水的地方叫"妒妇津"，相传凡女子渡此津时均不敢盛装，否则就会风波大作。

这个著名故事反映了生活中普遍存在着的嫉妒心理。

有个女人曾经向朋友抱怨"A真讨厌，从心底不喜欢他"。

朋友问她："你喜欢榴莲吗？"

"榴莲臭臭的，闻到就想吐。"

221

"那有人喜欢吃榴莲吗？"

"当然有，否则怎么会有卖的？"

"那你不喜欢榴莲是榴莲的错吗？"

"……"

"那你不喜欢A，是A的错吗？"

这只是一个小故事，但却告诉女孩们，对他人的态度如何，多半取决于我们的态度。

1.以客观和欣赏的眼光看待周围的人

以欣赏的眼光看待周围的人，不仅能学会用客观的眼光看自己和对方，也能弥补自己的不足，这样，就不至于为一点小事钻牛角尖，还能交到帮助自己成长的真正朋友。我们要知道，人与人之间的能力差异是客观存在的，正是由于这种差异的存在，才有了伟大和平凡之分。只有学会用欣赏的眼光看待他人的长处，才能帮助我们正确认识自己，提高自己，才能从嫉妒和怨天尤人的陷阱中脱身出来。

其实，生活中，我们也发现，一些女孩在看到别人得到荣誉、好处或利益时，表面上也许会说些赞美的话，但是内心却不服气；也有些女孩会对他人的成就抱持"没什么了不起"的想法，这种微妙的心理状态就是嫉妒。嫉妒普遍存于人性之中，即使再有修养的人，还是会有嫉妒心理，只是程度深浅不同而已。

2.学会疏通自己的嫉妒情感

嫉妒心会让人迷惑，丧失看清自己的机会，也会无形中给自己增添很多阻碍，这和自私自利、争名夺利的情况很类似——自己得不到的，别人也休想得到。例如，有一位女士拼命追求一位男士，但这位男士已经有女朋友，所以始终没有回应。这位女士追求不成，便想破坏他所拥有的幸福，像这种报复的心态就是嫉妒所造成的。又例如，原本可以心情愉快地做事，却因为心理作祟，一想到自己所嫉妒的人，心里便浮现许多批判的字眼，使自己烦恼不已，以至于什么事都做不下去，久而久之，这种情绪便会累积转化成怨气。

可见，生活中的女孩们，如果你不懂得疏通自己的嫉妒情感，那既损害到自己，又可能损害到被嫉妒者。对此，要有一颗宽容的心，能够坦然接受事实，承受他人的优点，并不断地努力，充实自己的才能，发挥自己的才干，才能得到属于自己的东西，才能找到人生的乐趣和生存价值。

沉浸在抱怨中的女孩怎会有好心情

女孩们抱怨的原因有很多，生活中，我们经常听一些女孩抱怨道："学习太累了，每天都有做不完的作业。""哎，我的台式电脑早就该淘汰了，跟爸妈说了多少遍，让他们给我换个笔记本，他们好像没听到似的。""我要是生在富裕人家就不用这么辛苦读书了。"……抱怨就像瘟疫一样在她们周围蔓延，愈演愈烈。因为抱怨，她们不仅把自己搞得很烦躁，也把别人搞得很不安。而实际上，抱怨对于事情的解决毫无益处，它只会让你的生活和工作都陷入杂乱无章中，而相反，假如你能心平气和，那么，你就会获得快乐。

另外，可能你还没有意识到，抱怨只会破坏一个人的潜意识。一旦抱怨，你的学习效率会不知不觉地降低，因为你需要时间和精力去为自己找借口、鸣不平。久而久之，不仅直接影响学习和生活，还会影响心情和心态。而真正的勇者，他们从不抱怨，他们总是能冷静地看待世界，审视自己，最终成就自己。

可见，一味地沉浸在抱怨中，只会将自己的心情弄得越来越糟。女孩们，你若想获得快乐，就要远离抱怨。具体来说，面对生活中的烦心事，女孩们，你可以这样做：

1.逆向思维比较法

举个很简单的例子，你是一个普通人家的女孩，你可能穿不起名牌、吃不起山珍海味、上下学也没有司机接送，但反过来，每天回家，你都能吃上疼爱你的母亲亲手做的饭，而不是冷冰冰的外卖，这不也是一种幸福吗？这次考试你失利了，你可能会难受，但你却从考试中找到了自己学有不足的地方，你还有很大的进步的空间，这不也是一种幸运吗？

2.把一切交给时间

时间是淡化、忘却烦恼和痛苦的最好方法。遇到烦恼之事，倘若你主动从时间的角度来考虑一下，心中对此烦恼之事的感受程度可能就会大大减轻。比如，如果你被老师当众批评了，面子过不去，心里难以承受，不妨试想一下，三天后，一星期后甚至一个月后，谁还会把这件事当回事，何不提前享用这时间的益处呢？

3.善于调整期望值

人们对新环境的适应性差，大都与其事先对新环境的期望值定得过高、不切实际有关，当你按照这个过高的目标来执行而最终落空时，难免会产生失落感，就会感到事事不如意、不顺心，必然影响情绪，与环境

格格不入。

4.主动适应客观现实

当自己对新环境不习惯的时候,最好不要首先埋怨现实,而应从主观方面想一想,看一看自己的认识、态度和方式是否有需要改进的地方,进而自觉地从自身做起,改变自己的旧习惯、旧做法,努力去适应环境的要求。

总之,如果你想成为一个快乐的女孩,你就要抱着知足的心看到生活中美好的一面,那么,你工作生活起来都会感到开心、满足、有滋有味。

第19章

自我管理能力
——自主自强的女孩拥有成才的资本

人生在世，我们每个人都渴望有一番作为，也包括成长中的十几岁的女孩。但事实上，并不是所有人都取得了最后的成功，很多人感叹，为什么就是过不好人生呢？其中主要原因之一就在于是否有自我管理能力。所谓自我管理能力，指对一个人自身的冲动、感情、欲望施加的控制。女孩们，其实学会自我管理并不难，你只要学会控制自己的心，因为自我管理本身由心而来，只要你遇到事情多想想要不要去做，后果会怎样，相信就一定能控制自己的言行，并获得自动自发的行动力，此时，你也就拥有了成才的资本。

戒除恶习，终将优秀

行为习惯，是人们成长过程中，在很长一段时间内逐渐形成的一种行为倾向。从某种意义上说，"习惯是人生最大的指导"。世界著名心理学家威廉·詹姆士这么说的：

播下一个行动，收获一种习惯；

播下一种习惯，收获一种性格；

播下一种性格，收获一种命运！

可见，好的习惯是十分重要的，它可以让人的一生发生重大变化。满身恶习的人，是成不了大气候的，惟有有好习惯的人，才能实现自己的远大目标。这就告诉所有正在成长阶段的女孩们，你若想拥有一个成功的人生，就必须改掉当下存在的一些坏习惯。

我国著名教育家叶圣陶先生也认为，要养成某种好习惯，要随时随地加以注意，身体力行、躬行实践，才能"习惯成自然"，收到相当的效果。

因此，生活中的女孩们，你要想蜕变成为一名优秀的女性，就要在日常生活中注意自己的言行习惯，"行成于思毁于随"，良好习惯形成的过程，是严格训练、反复强化的结果。

美国著名数学家维纳，在回忆父亲对他早期学习习惯的严格训练时说："代数对我来说没有什么困难，可父亲的教学方法，使我们精神不得安宁，每个错误都必须纠正。他对我无意中犯的错误，第一次是警告，是一声尖锐而响亮的'什么'，如果我不马上纠正，他会严厉地训斥我一顿，令我'再做一遍'。我曾遇到不止一个能干的人，可是他们到后来一事无成。因为这些人学习松懈，得不到严格纪律的约束。我从父亲那里得到的正是这种严厉的纪律训练。"父亲严格的训练，终于使维纳养成了良好的学习习惯，以后成为誉满全球的科学巨人。

这里，维纳严谨的学习习惯，就是来自他的父亲一点一滴严厉的教导。青少年研究专家孙云晓指出："习惯决定孩子的命运。"青少年阶段的女孩们，也应该认识到这个阶段对人生良好习惯形成的重要，无论是好习惯还是恶习，大部分都会在青春期定型。

那么，女孩们，你该破除哪些坏习惯呢？

1.自制力不强

这是一个循序渐进的过程，因为自制力的形成不是一蹴而就的，也不是下了决心就能获得的，这是一个长期的过程。请记住，循序渐进，有利于培养自己的自信心，并且不会给自己造成过大的心理压力，从而能轻松地锻炼自制力！

2.准备不足

一些人在尝试中失败了,并不是因为他们缺乏勇气,而是因为准备不足。因此,从现在起,无论你对自己的评估如何,都不要掉以轻心了。

3.不能坚持到底

你也想努力做一件事,比如钻研某件乐器,搞好学习等,但往往使你最终不能成功的原因是你中途退缩。如果你不能在青春期就克服这一坏习惯,那么,它会影响你的一生。

4.不吸取教训

成功者之所以成功,并不是因为他们杜绝了所有的错误,而是因为他们能从错误中吸取教训,不断改正错误;而同样,失败者之所以失败,是因为他们常常重复错误。的确,很多时候,从错误中学到的东西常比成功教我们的更多,犯了错却不吸取教训,白白放弃如此宝贵的受教育机会实在可惜。

总之,习惯的养成,并非一朝一夕之事,而要想改正某种不良习惯,也常常需要一段时间。根据专家的研究发现,21天以上的重复会形成习惯,90天的重复会形成稳定的习惯。所以一个观念如果被别人或者是自己验证了21次以上,它一定会变成你的信念。

学习要专注，不可三心二意

人生在世，要有一番成就，就必须要学习，学习是获取知识和能力的唯一途径，这是毋庸置疑的。然而，学习必须要专注，古人云："两耳不闻窗外事，一心只读圣贤书。"这就是一种专注。我们发现，那些攀岩成功的人都有个共同特征，那就是他们不会三心二意，也不会向下看，他们会一直努力地攀登，这样，尽管脚下是万丈悬崖，他们也不会害怕。同样，任何一个渴望优秀的女孩，也要明白，在学习时，你都要尽量做到对无关信息"充耳不闻"，才能训练自己的专注能力，才能一步一步进行自己的学习计划。我们先来看下面一个故事：

孔子带领学生去楚国采风。他们一行从树林中走出来，看见一位驼背老翁正在捕蝉，他拿着竹竿粘捕树上的蝉，就像在地上拾取东西一样自如。

"老先生捕蝉的技术真高超。"孔子恭敬地对老翁表示称赞后问："您捕蝉想必是有什么妙法吧？"

"方法肯定是有的,我练捕蝉五六个月后,在竿上垒放两粒粘丸而不掉下,蝉便很少有逃脱的。如垒三粒粘丸仍不落地,蝉十有八九会捕住;如能将五粒粘丸垒在竹竿上,捕蝉就会像在地上拾东西一样简单容易了。"捕蝉翁说到此处,捋捋胡须,严肃地对孔子的学生们传授经验。

他说:"捕蝉首先要学练站功和臂力。捕蝉时身体定在那里,要像竖立的树桩那样纹丝不动;竹竿从胳膊上伸出去,要像控制树枝一样不颤抖。另外,注意力高度集中,无论天大地广,万物繁多,在我心里只有蝉的翅膀,我专心致志,神情专一。精神到了这番境界,捕起蝉来,那还能不手到擒来,得心应手么?"大家听完驼背老人捕蝉的经验之谈,无不感慨万分。

孔子对身边的弟子深有感触地说:"神情专注,专心致志,才能出神入化、得心应手。捕蝉老翁讲的可是做人办事的大道理啊!"

驼背翁捕蝉的故事向我们昭示了一个真理:凡事专心致志、心无旁鹜,才能出色地完成,把工作做好做到位,取得成功。

事实上,除了捕蝉外,学习又何尝不是如此呢?学习最要不得的就是三心二意。戴尔·卡耐基曾经根据很多年轻失败的经验得出一个结论:"一些年轻人失败的一个根本原因,就是精力分散,做不到专注"。这句话告诉我们,学习需要专注,不腻烦、不焦躁、一门心思才能取得好的效果。

在学习中,女孩们,你需要这样训练自己的专注能力:

1.为自己树立一个学习榜样

比如,爱迪生就是一个专注做事的代表:

他曾经长时间专注于一项发明。对此,一位记者不解地问:"爱迪生先生,到目前为止,你已经失败了一万次了,您是怎么想的?"

爱迪生回答说："年轻人，我不得不更正一下你的观点，我并不是失败了一万次，而是发现了一万种行不通的方法。"

在发明电灯时，他也尝试了一万四千种方法，尽管这些方法一直行不通，但他没有放弃，而是一直做下去，直到发现了一种可行的方法为止。他证实了大射手与小射手之间的唯一差别：大射手只是一位持续射击的小射手。

2.学习时不要做其他的事

我们发现，生活中，一些人无论是不是在学习，都把电视开着，或者边玩游戏边学习。试想，这样怎么能聚精会神呢？这样自然不能集中精力去学习，久而久之，你便养成了一心二用的坏习惯。

为此，你必须克服这一缺点，学习时就认真学习，玩乐时就痛快玩，经过一段时间，你会发现，自己无论做什么事，都专注多了，而最重要的是，效率也提高了很多。

总之，我们每个人都需要记住，专注是一种良好的助人成功的品质，对于学习更是如此。从现在开始培养自己的这种品质，你也会收获成功。

克服惰性，绝不偷懒

生活中，每个人都有懒惰的心理，这是人类的天性，成长中的女孩也不例外，只是有些人能克服自己的惰性，并能以勤奋代之，最终取得成功；而有些人则任由懒惰这条又粗又长的枯藤来缠着自己，阻挡着自己的前进。前者就是那些有自控能力的人。从古至今，我们发现，任何一个能做到99%勤奋的人都能最终取得成功。因此，每个渴望优秀的女孩，也应该克服惰性，在学习和生活中尽职尽责，绝不偷懒。

有这样一句话："世界上能登上金字塔顶的生物只有两种：一种是鹰，一种是蜗牛。不管是天资奇佳的鹰，还是资质平庸的蜗牛，能登上塔尖，极目四望，俯视万里，都离不开两个字——努力。"若是缺少了勤奋的精神，即便是天资奇佳的雄鹰也只能空振双翅，而若是有了勤奋，即便是行动十分不便的蜗牛也可以俯瞰世界。

为此，女孩要从以下几个方面努力：

1.良好的作息习惯

养成良好的作息习惯，早睡早起，作息规律。这一点自不必说，赖床是懒惰之本。最经典的办法——上闹钟。时下有很多创意闹钟，绝对有办法骚扰到你起床。

2.多运动

多运动，锻炼身体。经常的身体锻炼除了可以拥有健康的体魄，更能使人保持旺盛的精力，从而与懒惰说不。

学习的同时也要注意加强体育锻炼。

3.时间计划

懒人都有拖拉的习惯，往往抱着"明日复明日，明日何其多"的想法，制订详细的计划，将时间规定好，把事件细分化。例如规定一个小时内或半个小时内完成某项任务，或者把一件复杂的事情分开几步完成，既提高了效率又很好地解决了懒惰的心理。

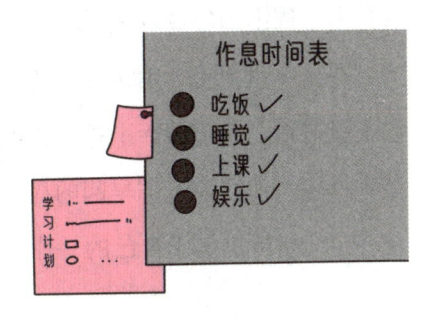

4.积极暗示

懒惰的人中有一些是因为性格内向、不自信等心理状况引起的懒惰，从不爱、不敢与人接触交流慢慢发展成习惯性地懒得参加参与一些公众活动。应对方法例如，可以在

房间布置名言警句，给予自己积极的心理暗示。

5.需要监督

懒惰的人大都缺乏自律，包括一些经验方法计划，另外，没有持续的执行能力还是无法改掉懒惰的毛病。建议通过让自己的家人、同学、朋友、同事等帮着监督自己。

6.换个环境

有条件的话尝试换个生活环境或打破原有的生活规律。刚上学的孩子为什么懒得上作文补习班却对上游泳班很积极；外出旅行时为什么都能做到早起。这些主要还是由于周围的环境发生了改变。

在这个世界上，有太多懒惰的人，他们不思进取，总想着天上掉馅饼的事情发生在自己身上，最终却被自己的懒惰贻害一生。俗话说："早起的鸟儿有虫吃。"女孩们，只要自己勤奋，那我们就一定会拼搏出属于自己的一片天空。

参考文献

[1]了了.13岁之前女孩一定要养成的61个好习惯[M].北京：中国纺织出版社，2014.

[2]张丽丽.我要成为最优秀的女孩[M].北京：北京教育出版社，2014.

[3]党博.做个有出息的女孩[M].北京：中国纺织出版社，2011.

[4]杨涓子.哈佛女孩心理成长枕边书[M].北京：中央编译出版社，2015.